세컨드 라이프를 위한

창업, 퇴사 준비 돈 공부

세컨드 라이프를 위한
창업, 퇴사 준비 돈 공부

라이프 포트폴리오 지음

쌤앤파커스

1장

완벽한
퇴사를 위한
사전 준비

이제 그만
떠나고 싶다

✦

"저, 회사 그만두겠습니다."

올해로 직장생활 5년 차인 H씨. 그는 일요일 밤마다 벽을 보며 퇴사용 멘트를 연습한다. 조직 내 치열한 경쟁과 과도한 업무에서 오는 피로감, 험난한 직장생활에 대한 회의감, 한 치 앞을 내다볼 수 없는 미래에 대한 불안감…. 늘 가슴속에 품은 사직서를 내던지고 회사 문을 박차며 나가고 싶지만, 그럴 수 없다. 가장 큰 이유는 '돈'이다. 월급을 생각하면 퇴사는 상상 속에서나 가능한 일이다. 주거비, 식비, 통신비, 보험료, 대출비 등을 어떻게 감당한단 말인가.

그렇다고 퇴사가 실현 불가능한 일은 아니다.

월급 없이도 경제적으로 안정될 수 있다면 지금 당장 퇴사는 현실이 될 수 있다. 하지만, 그렇지 않다면 우리에게는 '부업'과 '창업'이 있다. 우선 월급 외 수익을 만들어야 한다. 부업이라는 고정 수입을 만들어두면 퇴사 후에 경제적, 심리적으로 안정될 수 있다. 매달 고정된 월급을 받으며 안정적인 울타리 안에서 창업을 준비할 수 있다. 방법은 생각보다 많다.

이직을 결심한 A씨는 지난달 면접 본 회사에서 합격 통보를 받았다. 다니던 직장에는 그만두겠다고 알렸는데 사흘 뒤 이직할 회사에서 갑자기 '채용을 다시 고려해보겠다.'고 말을 바꿨다. 진퇴양난의 상황에 닥쳤다. 법적으로 대응할까도 생각해 보았지만, 곰곰이 생각해보니 이직할 회사와 근로계약서 체결을 하지 않은 것을 깨달았다. A씨처럼 이직하려다 채용이 취소된 사례가 종종 있는 것으로 보아, 근로계약서를 쓰기 전에 구직자가 보호받을 수 있는 법적 장치가 미흡한 것을 알 수 있다. 그렇기에 퇴사나 이직은 수많은 고민 끝에 결정해야 하는 사안이다. 퇴사를 염두에 두기 시작했다면 사직서를 내기 전에 미리 챙겨야 할 것들을 꼭 따져보자.

사직서보다
먼저 준비해야 할 것들

✦

　이직을 하고 싶거나, 내 사업을 하고 싶다면 먼저 자신의 상태를 꼼꼼하게 확인해보자. 자신의 상태를 냉정하게 판단해보니 어떤가? 이직할 회사는 구했는지, 사표는 미리 써놨는지, 퇴사 이후에 창업이나 부업을 생각하고 있는지, 업종은 생각해 둔 것이 있는지에 대한 고민이 왜 필요한가 생각이 든다면 다음의 내용을 확인해보자. 다음 항목들을 충분히 생각해본 적이 있다면 2장에서 창업을 준비하고, 당장 퇴사하기엔 준비가 덜 되었다면 퇴사를 잠시 미루고 1장에서 사전 준비를 하자.

선 이직 후 퇴사가 좋다

지금의 회사에서 그만두고 싶다는 생각이 들면, 퇴사보다 이직을 먼저 고려하는 것이 좋다. 직장에 다니고 있으면 경력직 면접에서 연봉 협상이 더 유리하기 때문이다. 퇴사 이후에 면접을 보면, 이전 직장에서 대인관계에 문제가 있었거나 인내심이 부족한 사람일지 모른다는 오해를 받을 수 있다. 재직 중에 이직할 회사를 찾은 다음, 그 회사가 현 직장보다 자신을 계발할 기회가 많고, 자신이 원하는 직무에 더 적절하다는 판단이 설 때 퇴사해도 늦지 않다.

퇴사 후 프리랜서로 일하거나 창업할 생각이 있다면, 직장을 다니는 동안 자신의 경력을 자산화하는 것이 좋다. 경력을 자산화하기 위해 해야 할 일은 무엇일까? 일단 이력서와 포트폴리오를 모두 업데이트해야 한다. 회사에 다니는 동안 아이디어를 구체화하고 일과 후에 필요한 공부를 하는 등 미리 준비하고 퇴사하는 것이 유리하다. 회사를 막상 떠나고 나면 초조해진다. 구직에 실패하는 횟수가 늘어날수록 자신감이 떨어질 수 있으니 미리 염두에 두어야 한다.

선 계약 후 입사가 좋다

국내 기업은 대부분 입사 후에 근로계약서에 서명한다. 그러나 이 직하는 입장에서는 되도록 입사 전에 계약을 마무리하는 것이 좋다. 입사 후 연봉 조건이나 직급에 관한 계약 내용이 구직자가 알고 있던 것과 다를 수 있는데, 이전 회사와 결별한 뒤에는 이러한 사실을 알아도 구제를 위한 별다른 방도가 없기 때문이다. 퇴사 전에 이직할 회사를 정했다면 반드시 근로계약서에 미리 서명하라. 입사 전에 계약서를 줄 수 없다고 한다면 최소한 이메일로라도 연봉 및 보너스와 기타 복리후생에 대한 내용을 적어달라고 요청해 기록을 남겨야 한다.

이직할 회사의 평판 체크하기

이직을 후회하는 경우도 있다. 퇴사 전 이직할 회사에 대한 평판을 미리 확인하고, 가능하면 실제로 그 회사에서 일하고 있는 사람을 찾아 사내문화 등을 자세히 확인해보는 것이 좋다.

잡플래닛www.jobplanet.co.kr에서 기업정보를 찾으면 그 기업에서 일하고 있거나 퇴사한 사람들의 리뷰를 볼 수 있다. 다만, 전반적으로 긍정적인 내용보다 부정적인 내용이 더 많다는 것을 감안해야 한다.

상사의 추천서 받기

요즘은 경력자를 채용하기 전, 이전 회사에 레퍼런스 체크(평판 조회)를 의뢰해 구직자에 대한 정보를 묻는 경우가 많다. 직장동료 및 상사 1, 2명과 연락해서 일하는 자세, 장단점, 팀워크, 회사를 그만둔 이유, 이 사람과 미래에 다시 일하고 싶은지 등을 확인한다. 그러므로 현재 다니고 있는 회사에서는 퇴사하기 전까지 최대한 좋은 인상을 남기도록 노력해야 한다.

가능하면 상사에게 부탁해서 추천서를 미리 받아두는 것도 좋다. 그리고 새로운 회사에 지원할 때 이력서와 상사의 추천서를 같이 보내면 좋다. 시간이 지나다 보면 연락이 끊어지기 쉽고 추천을 부탁하기 힘들어지기 때문에 퇴사 전 상사에게 부탁하여 추천서를 받아두자.

사표는 정성스럽게 준비하기

사표에는 긍정적인 인상을 주고 호의적으로 받아들일 만한 메시지를 적는 것이 좋다. 특히 업종이나 직종을 바꿀 계획이 아니라면, 머잖아 다시 만날 수도 있는 사람들이기 때문이다. 사표를 내고 나면 퇴사 면담을 진행하는 회사도 있다. 주로 왜 그만두는가에 관해 물어

본다. 이때 솔직해지고 싶은 충동은 자제하는 것이 좋다.

　재직 중에 느낀 불만을 토로하기보다는, 좀 더 진취적인 일을 하고 싶다거나 새로운 도전이 필요하다는 등 긍정적인 내용을 말하는 것이 좋다. 회사나 상사, 동료에 대한 불만이 퇴사의 핵심 이유라면, 불만을 늘어놓기보다는 일단 칭찬을 먼저 하고, 이런 점을 개선하면 업무를 더 효율적으로 할 수 있을 것 같다고 개선책을 제안하는 것이 좋다. 돌아갈 수 있는 다리는 무너뜨리지 말아야 한다. 불만은 건설적인 개선책으로 돌려서 얘기하자.

연락처 챙기기

　회사에서 만난 인적 네트워크는 대단히 중요한 자산이다. 이직하거나 프리랜서로 재출발할 때 도움받을 일이 생길 수 있다. 앞으로 계속 연락하며 네트워크를 다져야 할 사람들의 연락처는 미리미리 챙겨놓는 것을 추천한다. 꾸준히 연락하던 거래처가 있다면 미리 인사하고, 인수인계를 잘하고 갈 테니 퇴사 후의 업무에 대해 안심시키도록 한다. 덧붙여 자신이 맡았던 업무를 모두 리스트업하고 파일로 정리하는 등 최대한 깔끔하게 매뉴얼을 만들어놓아야 한다.

　특히 인수인계할 후임이 아직 정해지지 않았을 때에는 후임자가 남겨진 자료만 보고도 알아서 일을 진행할 수 있게 정리해놓는 것이 자신을 위해서도 좋다.

참조 양식들은 요령껏 챙기기

퇴사 후에 '아차' 싶은 것 중의 하나는 회사에서 사용했던 문서 파일이 없어 아쉬운 경우가 생긴다는 것이다. 회사의 기밀이거나 유출 시 문제가 되지 않는 선에서 참조할 만한 양식들은 따로 챙겨두는 것이 유용하다.

퇴직금, 연차 수당 챙기기

퇴사하기 전에 남은 연차, 퇴직금, 기타 비용 정산 등 챙길 수 있는 것을 확인해본다. 만약 퇴사 일정을 조정할 수 있다면 퇴사일은 월요일로 잡는 것이 좋은데, 주말 이틀에 대해서도 월급이 정산돼 나오기 때문이다. 퇴직금은 언제 나오는지, 얼마인지, 남은 연차가 얼마나 있는지 미리 확인하자.

완벽한 업무 정리를 조건으로 해서 실업급여를 받을 수 있는지 인

사람과 상의해보자. 실업급여는 자발적인 퇴사로는 받기가 어렵지만, 근로자가 이사 등의 이유로 출퇴근 시간이 왕복 3시간 이상 걸려도 대상이 된다. 계약기간이 만료되어 회사를 계속 다닐 수 없는 경우에도 신청이 가능하니 고용노동부에 전화해 미리 확인해보는 것이 좋다(국번 없이 1350).

완벽한 퇴사를 위한
10만 원의 투자

✦

 회사에 다니지 않고 월급을 받을 수는 없을까? 직장인이라면 한 번쯤 해봤을 고민이다. '직장=직업'이라는 공식은 이제 적용되지 않는다. 일을 직장 중심으로 바라보던 패러다임이 뒤집어지고 있다. 퇴사를 한다는 것은 회사에 대한 소속을 넘어 개인적으로 지속가능한 '직업'을 찾는다는 뜻이다.

 이런 가치관을 가진 사람들이 많아지면서 앞으로 무슨 일을 해야 할지, 회사를 떠나 어떻게 먹고살지에 대해 덩달아 고민하는 사람이 늘어나고 있다. "월급 외 부수입으로 월 10만 원만 벌어보세요." 누군가 당신에게 이렇게 제안했다고 치자. 막상 부수입으로 월 10만 원을 꼬박꼬박 번다고 생각하면 무엇을 해야 할지 막막해진다.

나만의 수입원을 확보해 개인 경쟁력 갖추기

월급 외 부수입으로 10만 원을 번다는 것은 그저 '돈을 번다.'는 개념이 아니다. 이 프로젝트는 '나'라는 사람이 회사라는 조직에 기대지 않고 경제적 이익을 창출할 수 있는지를 실험해보는 기회다. 무작정 회사를 그만두는 대신 직장생활을 하면서 부수입을 만드는 방안을 마련하면 개인으로서 경쟁력을 갖추는 것이다.

평소에 재능이 있고 흥미가 있었지만, 직업으로 삼을 수 없었던 분야를 나의 수입원으로 확보해보자. 나의 욕구에 대해 더 자세히 알게 되고, 내가 어떤 삶을 살고 싶은지에 대한 목적과 방향성을 그려볼 수 있다. 퇴사 후 홀로서기를 실행하기 전, 자기 자신에 대해서 더 자세히 알아가는 시간을 만들어야 한다.

이 프로젝트는 장기적으로 봤을 때 '창업'에도 도움이 된다. 우선 창업 전에 고정 수입을 책임져주는 안정적인 경제 기반을 마련할 수 있다. 창업 초기에 생각만큼 수익이 나오지 않을 경우, 고정 수입이 있다면 경제생활은 비교적 자유로울 것이다. 100% 성공이 보장된 창업은 없으니 실패에 대비해야 한다. 창업은 '게임'이 아니다. 미션에 실패하면 끝나는 것이 아니고 리셋 후 다시 시작할 수도 없다.

그렇다면 직장에 다니면서 창업을 꿈꾼다면 가장 먼저 해야 할 돈 공부는 무엇일까? 바로 직장에 다니지 않고도 돈 버는 방법을 터득하는 것이다.

나만의 브랜드 아이덴티티 만들기

'내 적성에 맞는 일은 무엇일까?', '다른 일을 한다면 무슨 일을 해야할까?' 이런 고민은 분명히 필요하다. 구태의연하지만 직무나 직업을 넘어서 '내 삶의 목적은 무엇일까?'와 같은 고민이 선행되어야 한다. 이는 기업의 브랜드 아이덴티티를 만드는 과정과 비슷하다. 재능과 가능성을 발현시키려면 '나다움'을 끄집어내고 다듬어가야 한다. 어떻게 효과적으로 나만의 브랜드 아이덴티티를 구축할 수 있을까?

① 사회와 트렌드 공부하기

거시적으로 보면 일이란 '사회가 필요로 하는 것을 돕는 수단'이다. 그렇기 때문에 최신 산업과 트렌드를 공부하며 사회가 어떻게 변화하고 있으며, 어떤 산업들이 새롭게 탄생하는지 등을 공부해 사회와 사람들의 니즈를 찾는 일을 끊임없이 노력해야 한다. 이때 지속 가능한 일과 사업 아이템을 구상해볼 수 있다.

② 나에게 맞는 일 찾기

사회와 트렌드를 공부하다 보면 미래 유망 직종을 알게 되고 그런 직업을 가져야겠다고 생각하게 된다. 하지만 유망 직종보다 중요한 것은 내가 흥미를 느끼는 것, 내가 가진 재능, 가치관에 따르는 것이다. 4차 산업혁명 시대에 사라지지 않는 직업이라고 해서, 지인의 성공담을 듣고서 무작정 따르기보다는 나의 재능을 찾아 트렌드에 어떻게 접목시켜야 사회가 원하는 방향으로 이끌어갈 수 있을지 고민해야 한다.

③ 준비 완료! 내게 맞는 플랫폼 찾기

앞선 과정을 통해 나에게 맞는 일과 재능을 찾았다면 이제 본격적으로 수익을 창출하는 단계다. 최근 판매자와 구매자를 연결해주는 플랫폼이 우후죽순 생기며 프리랜서와 1인 사업가의 수익 창출이 조금 더 쉬워졌다. 번뜩이는 아이디어로 수익을 창출하고 싶다면 '크라우드 펀딩'을 추천하고, 개인의 재능과 기술로 수익을 창출하고 싶다면 '재능마켓'을 추천한다. 처음부터 목표를 크게 잡는 것보다 일단 시작해보면서 조금씩 키워나가는 것이 좋다.

직장인들을 위한
소소한 부업 7가지

✦

    창업을 하기 위해서는 자본뿐만 아니라 마음가짐의 준비도 필요하다. 이를 위하여 미리미리 부업을 통하여 사회 경험을 해보는 것이 좋다. 수입을 늘리기 위해 아르바이트형 부업을 하기도 하고 새로운 커리어를 위하여 여러 가지 체험형 부업을 해보며 나의 성향과 맞는지 확인해볼 수도 있다. 또한 본업에서는 충족할 수 없는 꿈을 실현하기 위해 자아실현형 부업을 하기도 한다. 회사에 다니면서 가능한 부업 아이템은 어떤 것들이 있는지 알아보기로 한다.

블로그, SNS 스타라면 제휴마케팅

SNS 계정이나 블로그, 인터넷 카페를 활발히 운영 중이라면 이를 통해 수익을 창출할 수 있다. 상품 판매 또는 회원 확보를 원하는 업체와 제휴를 맺고 자신의 채널을 통해 수요를 일으키는 서비스를 이용하면 쉽다. 복잡한 시스템을 구축할 필요 없이 텐핑, 애드픽 등의 플랫폼이 대신해준다. 스마트폰에 익숙한 사회초년생이라면 가장 쉽게 시도할 수 있는 부업이다.

· 텐핑 www.tenping.kr
· 애드픽 www.adpick.co.kr

원하는 시간과 장소에서 쿠팡 플렉스

이커머스 기업 쿠팡은 '쿠팡 플렉스'라는 아르바이트를 제공한다. 개인의 차를 이용해 원하는 시간과 지역에서 물건을 배송하는 것이다. 카카오톡 채팅방을 통해 업무를 배정받고 정해진 시간에 물건을 수령, 배송하는 시스템이다. 배송 건당 페이를 지급받기 때문에 요령이 붙을수록 수입이 많아진다. 원하는 때에 원하는 만큼만 일할 수 있다는 것이 가장 큰 매력이다. 다만 자가용을 이용해야 하므로 차가 있어야 하고 기름 값도 본인이 부담해야 한다.

· 쿠팡 www.coupang.com

강아지 돌보기, 펫시터로 1일 알바

동물을 좋아한다면 펫시터에 도전해보자. 펫시터 플랫폼 도그메이트를 이용하면 원하는 날짜에 원하는 종의 강아지만 선택해 돌볼 수 있고 내 집으로 강아지를 데려와서 돌보는 것도 가능하다. 단, 펫시터를 시작하기 전에 관련 교육을 받아야 한다.

· 도그메이트 www.dogmate.co.kr

외국어에 능통하다면 스터디 리더로

원어민 수준의 영어 실력을 지녔다면 스터디서치를 통해 회화 모임을 꾸릴 수 있다. 스터디서치는 회화 공부 중개 플랫폼으로 회화 실력을 인정받으면 모임의 리더로 활동할 수 있다. 리더는 6~8명의 사람과 일주일에 2번 정도 만나 영어로 대화를 이끌면 된다. 팀원들이 스터디서치에 지불하는 액수의 일부를 대가로 지급받는다. 영어

실력도 중요하지만, 사람들과의 만남을 즐겁게 여긴다면 좋은 부수입 거리가 될 수 있다.

· 스터디서치 www.studysearch.co.kr

남는 방 빌려주고 월 300만 원?
집 한 채로 생활비 마련하는 방법

P씨의 이야기를 해보려 한다. 그가 지난해 가을, 퇴사를 결정하고 수없이 들은 말은 "회사 관두고 뭐 먹고살게?"다.

퇴사 후 6개월이 지난 지금, 주변인들의 우려와 달리 P씨는 고정 수입을 만들어 제2의 인생을 살고 있다. 비결을 묻는 친구들에게 그가 알려준 건 '셰어하우스'다.

집을 사용하는 방법이 다양해지고 있다. 한 명 혹은 여러 명과 집을 공유하며 생활하는 셰어하우스, 모르는 사람들에게 방 한 칸 혹은 집 전체를 빌려주는 에어비앤비, 여기에 영화나 드라마 촬영 장소로 집을 내주는 신개념 공유 서비스까지. 공유경제가 대세가 된 요즘에는 별다른 노동을 하지 않아도 똘똘한 집 한 채만 있으면 고정 수입을 만들 수 있다.

방이 많을수록 수익률도 높아진다!
셰어하우스

하나의 주거 공간을 여러 사람이 나눠 쓰는 셰어하우스는 현재 청년주거문화의 한 형태로 깊숙이 자리 잡았다. 셰어하우스 전문 플랫폼 컴앤스테이에 따르면 2013년 19곳에 불과했던 국내 셰어하우스는 2014년 52곳, 2015년 116곳, 2016년 240곳, 2017년 489곳으로 매년 2배씩 증가했다. 입주자에겐 저렴한 비용에 쾌적한 생활공간을 제공하고, 집주인에겐 든든한 고정 수입을 보장해준다는 점에서 셰어하우스는 은퇴한 직장인들에게 인기 좋은 부업이다.

셰어하우스는 일반 임대업보다 수익률이 높다. 앞서 이야기한 P씨를 예로 들어보자. 그는 퇴사 후 왕십리에 방 3개가 있는 24평짜리 빌라를 매입했다. 매입가는 2억 5,000만 원으로, 2억 원이 대출이다. 방 3개 중 큰 방은 2인실로, 작은방 하나는 1인실로 꾸미고 자신은 남은 방에서 살기로 했다. 큰 방은 보증금 100만 원에 월 40만 원으로 2인에게, 작은방은 보증금 100만 원에 월 50만 원으로 1인에게 세를 놓았다. 박 씨의 월 수익은 얼마나 될까? 투자금은 집을 사는 데 들어간 돈 5,000만 원에 인테리어 1,000만 원, TV, 수납장 등 집기를 사는 데 드는 비용 500만 원으로 총 6,500만 원이었다.

수익은 보증금 300만 원에 월세 130만 원. 여기에서 매달 2억 원에 대한 이자 67만 원(4%)을 제해도 월 수익은 63만 원이다. 수익률은 수익금을 투자금으로 나눈 것에 100을 곱한다. 계산하면 63만 원×12÷(6,500만 원-300만 원)×100＝약 12%가 나온다. 박 씨는 자신의 주거도 보장받으면서 월 63만 원의 고정 수입을 벌어들이는 셈이다.

집이 없어도 셰어하우스를 운영할 수 있다. 전셋집이나 월셋집을 활용하는 경우다. 집주인의 동의만 있으면 세입자가 집주인에게 빌린 집을 제3의 세입자에게 다시 세놓을 수 있다. 전대차동의서에 셰어하우스 운영 내용을 특약사항으로 명시한다면 합법이다. 전대차(轉貸借)는 빌린 것을 다시 남에게 빌려준다는 의미다. 즉, 빌린 것을 다시 빌려주기 위해서는 주인의 동의를 받아야 한다. 이렇게 전대차를 동의한다는 주인의 동의서가 '전대차동의서'다.

크기가 넓은 집보다는 방의 개수가 많은 집이 셰어하우스로 운영하기 좋다. 일반적으로 개인 공간(방)은 따로 쓰고 공용 공간(거실, 부엌, 화장실 등)을 공유하는 식으로 운영하므로 방의 개수가 많을수록 수익률은 높아진다. 지역 선정도 중요하다.

셰어하우스의 수요가 많은 곳은 대학가나 사무실, 공장 등 일자리가 밀집된 지역 혹은 교통이 편리한 곳이다. 셰어하우스 플랫폼 '셰어킴'의 서울시 지역구별 셰어하우스 분포도 분석에 따르면 마포구에 셰어하우스가 가장 많다. 그 뒤를 이어 관악구, 서대문구, 강남구

순으로 분포율이 높다. 이밖에 공기업이나 공공기관이 있는 지방 역시 셰어하우스를 운영하기에 적합하다.

입주자 모집은 인터넷을 통하는 것이 가장 일반적이고 편리하다. 초보 운영자에게 가장 어려운 일은 갈등을 유발시키는 입주자를 걸러내는 것이다. 최근에는 개인이 주택을 매입해 전문업체에 위탁해 운영을 맡기는 사례도 늘고 있으니 전문업체를 통해 시작해보는 것도 좋다.

셰어하우스는 높은 수익률이라는 분명한 장점이 있다. 하지만 수익률이 높다는 건 그만큼 신경 쓸 일이 많다는 의미이기도 하다. 셰어하우스의 생명은 공실률을 줄이는 것이다. 계속해서 사람이 머무르도록 하기 위해서는 세탁이나 청소 등 이용자들의 편의를 높일 수 있는 다양한 서비스를 고안해야 한다. 여러 사람이 한 공간에서 사는 만큼 갈등이 생길 수 있고 그 갈등을 조율하는 것은 오롯이 집주인의 몫이다. 생활 규칙을 세우고 주기적으로 세입자들 간의 원활한 소통이 이뤄지게 해야 안정적으로 오래 운영할 수 있다.

· 컴앤스테이 www.thecomenstay.com

평범한 내 집이 촬영 공간이 된다, 아워플레이스

K씨는 얼마 전 광고 제작사로부터 제안을 받았다. 한 광고 제작사가 그가 자취하는 옥탑방에서 CF 촬영을 하고 싶다고 한 것이다. K씨의 눈에는 너저분한 집이었지만 CF 감독의 눈에는 뭔가 특별해 보였나 보다. 집을 빌려주는 대가로 K씨가 제시한 돈은 시간당 4만 원. 하루에 3시간씩 일주일을 빌려준 뒤 그는 84만 원을 벌었다.

아워플레이스는 촬영 장소 공유 플랫폼이다. 원룸, 아파트, 카페, 펜션, 미용실, 갤러리, 사무실 등 자기 공간을 소유한 사람이라면 누구나 그 공간을 촬영 장소로 내놓을 수 있다. 아워플레이스에 등록된 공간은 영화나 드라마, CF, 유튜브 영상 제작 장소를 찾는 이들에게 아주 훌륭한 촬영지가 된다. 현재 아워플레이스에 등록된 공간들은 고급 전원주택부터 침대 하나 들여놓으면 꽉 차는 소형 원룸까지 다양하다. 비용은 시간당 2~20만 원에 이른다.

공간을 등록하는 방법도 간단하다. 아워플레이스에 회원가입을 한 뒤 '호스트 지원'을 클릭하고 자신의 공간을 휴대폰 카메라로 찍어 '촬영 장소'로 등록하면 끝이다. 사진은 필수이고 장소에 대한 자세한 소개를 함께 올려주면 좋다. 시간당 촬영 금액은 호스트가 정한다.

촬영을 원하는 사람이 연락해오면 내용을 확인한 후 승인하거나 거절할 수 있다. 촬영이 확정되면 진행 후 대금을 지급받으면 된다. 등록비는 따로 없고 거래가 성사됐을 때만 대여 비용의 10%에 해당하는 수수료를 낸다.

· 아워플레이스 www.hourplace.co.kr

내 집이 여행객의 쉼터가 된다, 에어비앤비

여행자에게 자신이 사는 집의 방 한 칸을 내어주는 에어비앤비는 처음에는 방 한 칸, 침대 하나로 시작했지만, 지금은 집 전체를 빌려주는 경우도 흔하다. 2008년 시작된 이 숙박 공유 플랫폼은 10년 만에 메리어트 인터내셔널, 하얏트, 힐튼 등 전 세계 상위 5개 호텔 브랜드보다 더 많은 숙소를 보유한 거대 숙박업체로 성장했다. 에어비앤비에 따르면 2017년 에어비앤비를 통해 한국을 방문한 관광객은 무려 188만 명에 달한다.

에어비앤비는 일반 모텔, 게스트하우스 등 수많은 숙박업체와 경쟁하기 때문에 창으로 바다가 보인다거나 지하철역이 코앞에 있다거나 하는 두드러진 장점 없이는 오히려 적자를 볼 수도 있다. 게다가 인터넷을 비롯한 공과금은 물론 샴푸, 수건, 세제 등 소모품을 사는 비용도 모두 집주인의 몫이다. 하지만 우리나라를 찾는 관광객도 늘어나고 있고 국내 여행에 관한 수요도 증가하고 있어 손님이 끊임없이 찾아온다면 고정비용을 부담하고도 수익을 낼 수 있다.

· 에어비앤비 www.airbnb.co.kr

방구석에서 시작하는
투잡

✦

잼 하나로 스무 살에 백만장자가 된 프레이저 도허티Fraser Doherty는 "누구나 인생에서 한 번 쯤은 사업가가 되어봐야 한다."고 했다. 평생 직장의 개념이 사라지면서 언제까지 회사에 다닐지 모른다는 불안과 나만의 사업을 하고 싶은 열망을 담은 말이다. 직장인 유튜버가 늘어나는 이유도 이와 비슷할 것이다. 본격적인 창업을 하기 전에 주말을 이용해 부담 없이 시작할 수 있는 부업 아이템을 소개한다. 요즘 트렌드는 '작게 시작하고 빠르게 실패하는 것'이니 거창하게 생각하지 말고 일단 시작해보자.

지식을 팔아보자. 게임도 가르칠 수 있다

내가 가진 지식과 경험이 필요한 사람은 어딘가에 있다. 내가 가장 편하게 이야기할 수 있는 분야를 선정해 1시간짜리 강연 커리큘럼을 만들어보자. '이게 팔릴까?', '누가 이걸 들어줄까?' 하는 생각은 일단 접자. 10~15분으로 나눠서 4~6개 챕터로 구분하면 1시간짜리 강의가 완성된다. 쉬운 일은 아니지만 마냥 어려운 일도 아니다. 반나절 정도 고민하면 초안이 나올 것이다.

일단 무료 강의부터 열어보자. 모임 플랫폼인 온오프믹스나 개인 SNS에 10명 정원의 소규모 강연을 하겠다고 공지를 올린다. 교통이 편리한 곳에 미팅 룸을 빌린 다음 네이버나 구글의 설문 폼을 통해 신청을 받으면 강의 준비는 끝이다.

강의를 마친 후, 설문을 통해 만족도를 조사해보자. 내용은 유익했는지, 시간은 적당했는지, 부족한 점은 무엇인지 꼼꼼히 체크해서 피드백을 모은다. 그때가 되면 이 강의가 팔릴지 아닌지 감이 오기 시작할 것이다. 한 번으로 잘 모르겠으면 2, 3차 강의를 이어가면서 부족한 부분을 채우자. 목표는 유료 강의를 여는 것. 이런 방식으로 두 번째 직업을 갖는 사람의 수가 적지 않다. 게임 과외로 수익을 올리는 J씨는 누적 수강생만 1,200명을 훌쩍 넘는다.

· 온오프믹스 www.onoffmix.com

내 방에서 만들어 팔자.
반려동물 간식부터 핸드메이드 주얼리까지

창업자 프레이저 도허티는 14살에 할머니의 레시피로 잼을 만들어 이웃에게 팔기 시작했다. 동네 마트에서 시작해 월마트 등 대형마트까지 입점했고 2012년 연 매출 800만 파운드(한화 약 120억 원)를 달성했다. 시작은 미미하지만 큰 성공을 거둔 사례를 보면 집에서 창업하는 일이 더욱 매력적으로 느껴진다. 반려동물 시장이 성장하면서 장난감이나 수제 간식을 만들어 파는 사람이 늘고 있다. 핸드메이드 주얼리, 일러스트 휴대폰 케이스도 인기다.

이런 사업이 가능한 이유는 크게 2가지다. 첫째로 제조 정보가 공개되기 때문에 상품의 질이 전반적으로 높다. 식품 분야는 개인이 회사 못지않은 혹은 더 건강한 제품을 만들 수 있다. 소규모로 맥주를 양조하는 홈 브루잉Brewing이 인기를 끄는 이유도 마찬가지다.

둘째로 제품이 다양해지면서 개성을 드러낼 수 있는 핸드메이드, 홈메이드 제품이 주목받기 시작했다. 2019년 2월, 수공예품 장터 앱 '아이디어스'에서는 연 매출 1억 원을 넘긴 작가가 탄생했다. 조향에 관심이 있다면 향초나 디퓨저를 만드는 건 어떤가? 평소 견과류를 즐겨 먹는다면 수제 시리얼 바도 좋다. 지인에게 선물하고, 시식회도 열어보고, 남는 것은 팔아보라. 중요한 것은 시도 자체에 있다.

내 아이디어는 얼마?
크라우드 펀딩

아이디어는 있지만 창업자금이 없거나 부족할 때는 아이디어를 소개하고 투자금을 지원받는 방식의 '크라우드 펀딩'을 수익 모델로 참고할 수 있다. 사업가들은 크라우드 펀딩을 통해 자금을 조달받고, 아이디어를 실현할 수 있으며, 대출 부담을 상대적으로 덜 수 있다.

또한 크라우드 펀딩이 진행되는 동안 프로젝트를 홍보할 수 있는 다양한 마케팅 기회를 얻을 수 있다. 제품의 스토리를 어떻게 짜느냐에 따라 대중과 언론으로부터 높은 관심을 받을 수 있다는 점도 매력적이다. 프로젝트의 크기나 목표 금액이 적어도 다양한 홍보 활동을 펼칠 수 있기 때문에 큰 부담 없이 시작할 수 있다.

와디즈

와디즈는 증권형과 리워드형 크라우드 펀딩을 모두 지원한다. 기업의 운영 비용, 제품 개발 비용을 투자받고 싶다면 증권형으로 진행하면 된다. 증권형은 투자자에게 회사의 지분을 제공한다. 리워드형은 투자자에게 제품을 제공하는 형태다.

· 와디즈 www.wadiz.kr

텀블벅

텀블벅은 리워드형 크라우드 펀딩을 지원한다. 주로 영화나 음악 등 문화콘텐츠 크리에이터가 많이 활동한다. 비슷한 플랫폼으로 크라우디와 오픈 트레이드 등이 있다.

· 텀블벅 www.tumblbug.com
· 크라우디 www.ycrowdy.com

투잡시 잊지 말아야 할 한 가지!
세금

부업으로 소득을 제법 올리고 있다면 세금을 꼼꼼히 따져봐야 한다. 직장생활을 하면서 벌어들인 부업 소득에는 보통 3.3%의 세금이 붙는다. 대부분은 매년 5월 종합소득세 신고 기간 국세청 홈택스www.hometax.go.kr에서 간단한 절차를 거쳐 환급받을 수 있다. 근로소득 외에 추가된 소득으로 과세표준(소득세를 매기는 기준)이 변경된다면 신고 여부에 따른 유, 불리를 정확히 계산해봐야 한다.

대체로 과세 표준 4,000만 원을 기준으로 그 이하에 해당하면 종합소득세 확정 신고를 하는 것이 유리하다. 4,000만 원을 초과하면 하지 않을 때 더 낮은 세율을 적용받는다. 근로소득 외 강연료 등 기타소득 금액이 연 300만 원을 넘을 때는 의무적으로 신고해야 한다. 월급 외에 벌어들이는 수익이 연 3,400만 원 이상이면 건강보험료도 추가로 내야 한다.

2장

알아두면
돈이 되는 퇴사 전
금융 지식

생각지 못했던 퇴사비용,
걱정 마세요!

"드디어 회사 탈출이다!" 내년 퇴사를 목표로 착실히 준비해온 김 대리. 매월 급여도 꼬박꼬박 저축하고, 퇴사 후의 자기계발 계획도 체계적으로 정리해두었다. 이제 퇴사만 하면 끝이다. 잔소리하는 상사도, 비 오는 날의 출근길도, 지긋지긋한 업무 카톡방도 모두 안녕이다. 그러나 김 대리가 생각지 못했던 것이 있다. 막상 회사를 나온 이들의 앞을 가로막는 의외의 복병, 바로 '퇴사비용'이다.

퇴사비용이란 회사에 속해 있을 땐 신경 쓰지 않아도 되었던 비용들, 국민연금, 의료보험료, 자기계발 비용 등을 말한다. 퇴사 후, 은근히 부담되는 퇴사비용은 퇴준생뿐만 아니라 은퇴준비자도 알아둬야 한다. 그렇다면 퇴사비용은 어떻게 대비해야 최소화할 수 있을까.

회사가 절반을 내주던 '국민연금', 계속 낼 것인가 말 것인가?

회사 다닐 땐 원수처럼 여겨졌던 국민연금. 매번 선택의 여지없이 월급에서 꼬박꼬박 빠져나가니 눈엣가시처럼 여겨질 수밖에 없었다. 그러나 막상 회사를 벗어나면 그제야 회사가 그 국민연금의 절반을 내주고 있었단 사실을 깨닫게 된다. 직장가입자 신분일 때는 회사와 개인이 국민연금 보험료(소득액 기준 9%)를 절반씩 부담했지만 이제 더 이상 그런 혜택을 받을 수 없기 때문이다.

퇴사 후, 경제 활동을 온전히 쉬고 있다면?

퇴사 후 국민연금은 경제활동을 하느냐, 안 하느냐에 따라 2가지 경우로 나뉜다. 먼저 퇴사 후 경제활동을 온전히 쉬는 경우, 소득이 없으므로 국민연금을 납부할 의무는 없다. 그러나 국민연금은 공적 연금이기 때문에 마음대로 해지할 수 없다. 이럴 땐 '납부예외' 신청을 하면 된다.

납부예외란 소득이 중단되는 동안 보험료 납부를 잠깐 쉬어가는 것을 말한다. 가까운 국민연금공단지사를 방문하거나 국민연금공단 홈페이지에서 신청하면 일정 기간 보험료 납부를 면제받을 수 있다. 물론 납부예외 기간은 국민연금 가입 기간에 포함되지 않는다. 또,

납부예외는 신고사항이기 때문에 자동으로 처리되지 않으므로 반드시 본인이 신청해야 한다.

소득이 중단되더라도 국민연금을 계속 내고 싶어 하는 사람도 있다. 다른 사적 연금보다 안정성이나 수익률이 높다고 판단해서 연금을 계속 유지하는 경우다. 이럴 땐 '임의가입자' 신분으로 연금을 계속 납부할 수 있다. 임의가입자란 18세 이상 60세 미만 국민 중 소득이 없지만 노후 연금을 받고자 국민연금에 가입한 사람으로, 전업주부가 대표적이다. 임의 가입 월 보험료는 올해 기준, 월 9~40만 4,100원에서 자유롭게 선택해서 낼 수 있다.

퇴사 후, 경제 활동을 하고 있다면?

퇴사 후 경제활동을 하는 경우, 예를 들어 창업을 한다거나 재취업 하는 경우다. 이직을 계획하고 있다면 실업 기간 동안 납부예외 신청을 통해 일시적으로 보험료 납부를 면제받고, 재취업 시 다시 직장가입자 신분으로 돌아가서 보험료를 내면 된다. 혹시 실업급여(구직급여)를 받는 사람이라면 '실업 크레딧'이라는 좋은 제도가 있으니 꼭 활용하기 바란다. 실업 크레딧은 실업급여를 받는 사람들에게 국민연금 보험료의 75%를 정부에서 지원해주는 제도로, 지원 기간은 최대 12개월이다.

그러나 창업을 한다면 어떻게 될까? 이 경우 소득이 발생하기 때문에 보험료 납부가 의무로 전환된다(지역가입자 신분). 직장가입자 신분일 때는 회사와 본인이 절반씩 부담하던 보험료를 혼자서 전부 내야 한다. 회사 다닐 때와 소득이 비슷하더라도 보험료는 2배가 되는 셈이니 미리 대비해두는 것이 좋다.

만약 직원을 1명이라도 고용하는 소규모 사업체를 운영하게 된다면 '두루누리'와 같은 사회보험료 지원 사업을 알아보는 것도 좋다. 두루누리는 근로자 수가 10명 미만인 사업장에 고용된 근로자 중 월평균 보수가 190만 원 미만인 근로자와 그 사업주에게 사회보험료(고용보험, 국민연금)를 최대 90%까지 각각 지원해주는 사업이다. 자격 요건에만 맞으면 보험료가 10분의 1로 줄어드는 셈이니 꼭 체크해두자.

훌쩍 올라가 부담되는 '건강보험료', 어떻게 할까?

퇴사자들에게 가장 큰 충격을 안겨주는 것이 바로 건강보험료다. 회사에 다닐 때는 직장에서 보험료의 절반을 부담하지만, 회사를 나오는 즉시 지역가입자로 전환돼 보험료 전액을 본인이 부담해야 하기 때문이다. 게다가 재직 때는 소득에 비례해 보험료를 산정하지만 퇴직 후에는 보유 재산을 기준으로 보험료를 책정하기 때문에 갑자기 보험료 폭탄을 맞게 되는 경우도 많다. 건강보험공단이 지난해 2월 한 달 동안 퇴직 후 지역가입자로 전환한 사람들을 조사했더니 61%가 재직 시보다 보험료 부담이 늘었다고 답했다.

퇴사 후 3년간 건보료 부담 낮추는 '임의계속가입'

건보료 폭탄을 막기 위해 마련된 것이 바로 임의계속가입자 제도다. 임의계속가입이란 퇴직 후에도 3년간은 직장에 다닐 때 냈던 만큼의 보험료를 낼 수 있게 해주는 제도다. 퇴직 후 건보료 부담이 늘었을 때 건강보험공단에 신청하면 혜택을 받을 수 있다.

예를 들어 퇴직 전 3개월 평균 임금이 300만 원이었다면 직장에서 납부하던 보험료는 300만 원×6.67%=20만 100원의 절반인 10만 50원, 여기에 장기요양보험료 2만 510원(20만 100원×10.25%)을 더하면 12만 560원이다(건강보험료율은 6.67%, 장기요양보험요율은 10.25%). 이 사람은 퇴직 후 20만 원이 훌쩍 넘는 건보료 폭탄을 맞을 수 있다. 집, 차 등 어느 정도 재산을 보유하고 있어 부담해야 할 보험료가 2배가량 뛴 것이다. 이런 경우에는 반드시 임의계속가입자 신청을 해야 한다. 단, 지역가입자가 된 이후 최초로 고지받은 지역보험료의 납부기한에서 2개월이 지나기 전에 신청해야 혜택을 받을 수 있다.

가족 중 직장가입자 있다면? 피부양자로 등재하라

또 하나의 방법은 '피부양자'가 되는 것이다. 가족 중에 직장가입자로 가입된 사람의 건강보험에 피부양자로 등재하면 따로 보험료를 내지 않고도 보험 혜택을 누릴 수 있고 부양자의 보험료도 올라가지 않는다. 부부, 부모–자녀 관계뿐 아니라 사위나 며느리가 직장에 다니고 있어도 피부양자로 등재할 수 있다. 단, 근로, 사업, 연금, 이자, 배당, 기타소득의 연간 합계액이 3,400만 원을 초과하면 피부양자의 자격이 상실된다. 재산도 과세 표준 5억 4,000만 원이 넘으면 피부양자가 될 수 없다.

소중한 퇴직금
최대한 많이 받기

✦

퇴직금이란 근로자들이 퇴직 후 안정적인 생활을 할 수 있도록 도입된 제도다. 퇴사하더라도 퇴직금은 확실히 챙겨야 당장 경제적 안정을 보장받을 수 있고 창업을 위한 목돈을 마련할 수 있다. 지금 퇴직하면 퇴직금이 얼마나 될지, 내 퇴직금을 최대한으로 높이려면 어떻게 해야 할지 알아보자.

퇴직금, 1년만 일하면 아르바이트생도 받는다

퇴직금 지급 대상은 한 영업장에서 1년 이상, 주 15시간 이상 근무한 '근로기준법상 근로자'다. 중요한 것은 4대 보험 가입자가 아니어도 아르바이트생이어도 퇴직금을 받을 수 있다는 것. 퇴직금은 퇴직 일자를 기준으로 14일 이내에 지급해야 한다. 단 사정이 있는 경우 노사 간 합의를 통해 지급 기한을 연장할 수 있다.

'올해 퇴직금'과 '내년 퇴직금'의 차이

나의 퇴직금은 얼마나 될까? 많은 사람이 퇴직금 1년 치를 한 달 월급과 같다고 생각하지만, 이는 정확한 계산법이 아니다. 평균 임금을 기준으로 퇴직금을 산정할 때는 기본급에 상여금과 연차 수당이 포함된다. 출장비, 식비 등은 제외된다. 정확한 퇴직금 계산법은 다음과 같다.

1일 평균임금×30일×총 재직일수÷365

1일 평균임금이란 일을 그만두는 시점을 기준으로 3개월 동안 지급된 임금의 총액(세금공제 전 금액)을 그 기간의 재직일수로 나눈 금액이다. 수식으로 나타내면 A(퇴직 전 3개월간 받은 임금)＋B(연간 상여금× 3/12)＋C(퇴직 전 연차 휴가를 사용하지 않아 받게 된 수당×3/12)를 D(퇴직 전 3개월간 근무일수)로 나눈 것이다.

2012년 11월 1일 입사해 2020년 11월 30일 퇴사를 계획하고 있다고 가정하자. 월급 200만 원으로 시작해 두 차례의 연봉협상을 거쳐 현재 300만 원의 월급을 받고 있다. 설과 추석에 상여금이 각 10만 원씩이 나오고, 연차수당은 3만 원이다. 그리고 올해 연차 15일 중 10일을 쓰지 않았다.

이를 바탕으로 계산해보면,

김 대리의 1일 평균임금은 (300만 원×3)+(20만 원×3/12)+(30만 원×3/12)을 91일(9, 10, 11월 근무일수)로 나눈 금액, 즉 10만 274원이 된다. 따라서 올해 11월 퇴사 후 받을 퇴직금은 10만 274원×30일×2,950일÷365=2,431만 3,010원이다.

퇴사, 기왕에 하려면 4월에 하라

퇴직금을 최대한으로 높이는 방법은 뭘까? 퇴직금 계산법에서 유일한 변수인 '1일 평균 임금'을 보면 답이 나온다. 가장 임금이 높은 시기에 퇴사하는 것이 좋다. 예를 들어 기본급에 기타 수당이 추가로 나오는 회사라면 연중 수당이 가장 많이 나오는 월을 퇴직 전 3개월에 끼워 넣어 평균 월급을 높이는 것이다.

물론 기타 수당이 전혀 없는 직장인들도 많다. 그럴 땐 퇴직 시기를 조절해 조금이라도 퇴직금을 높일 수 있다. 계산에 따르면 퇴사하기 가장 좋은 때는 4월 말이다. 그 이유는 열두 달 중 근무일수가 가장 적은 2월을 끼고 있기 때문이다.

11월 말이 아닌 4월 말에 퇴사한다고 가정하고 1일 평균임금을 계산해보자. A(300만 원×3)+B(20만 원×3/12)+C(30만 원×3/12)는 같지만 이를 91일(9, 10, 11월 근무일수)이 아니라 89일(2, 3, 4월 근무일수)로 나누기 때문에 1일 평균임금은 약 2,000원 더 높은 10만 2,528원이 된다. 근속 연수가 긴 사람일수록 결과값의 차이는 크게 난다. 4월 말에 퇴사할 경우 퇴직금은 10만 2,528원×30일×3,101일÷365=2,613만 1,999원이다. 5개월 더 일했을 뿐인데 퇴직금은 200만원 가까이 늘어나는 것이니 차이가 꽤 크다.

퇴직금을 중간에 받으려면?

퇴직금에는 '중간정산 제도'라는 것이 있다. 퇴사하기 전에 지금까지 일한 일수만큼 계산해 퇴직금을 중간에 정산받는 것이다. 예전에는 별다른 사유 없이도 퇴직금 중간정산이 가능했지만 여러 가지 문제점이 발견되면서 현재는 중간정산을 받으려면 몇 가지 조건을 충족해야 한다. 조건은 아래와 같다.

· 무주택자가 본인 명의로 주택을 구입하는 경우
· 무주택자가 거주를 목적으로 보증금, 전세금을 부담하는 경우

  (한 직장에 근무하는 동안 1회 한정)

· 본인, 배우자, 부양가족이 질병 등으로 6개월 이상 요양해
  비용을 부담하는 경우
· 퇴직금 신청일로부터 5년 이내 파산선고를 받은 경우 또는
  개인회생 절차 개시 결정을 받은 경우
· 회사가 정년을 연장하거나 보장하는 조건 등으로 임금을
  줄이는 제도를 시행하는 경우
· 회사가 근로시간을 1일 1시간 또는 1주 5시간 이상 변경해 소정
  근로시간에 따라 근로자가 3개월 이상 계속 근로하기로 한 경우

참고로 퇴직금은 일을 그만둔 시점을 기준으로 계산하기 때문에 지금 그 회사에서 받을 수 있는 가장 높은 월급을 기준으로 산정된다. 연차가 쌓일수록, 혹은 월급이 높을수록 퇴직금을 중간정산 받으면 손해가 커지니 꼭 기억해두자.

퇴직금과 퇴직연금은 다르다

퇴직금은 퇴직금과 퇴직연금으로 나뉜다는 사실, 알고 있는가? 흔히 퇴직금은 일시금으로 받는 돈, 퇴직연금은 연금 형태로 나눠서 받는 돈으로 알고 있다. 사실은 그렇지 않다. 퇴직연금이란 근로자의 안정적인 노후생활을 보장하기 위한 정책으로, 근로자가 재직하는 동안 퇴직연금을 금융기관에 맡겨 운용하는 제도다. 55세 이후에 이 돈을 일시금으로 받을 것인지, 연금 형태로 받을 것인지 본인이 결정할 수 있다.

퇴직금과 퇴직연금의 가장 큰 차이점은 퇴직급여 지급 시 금융기관을 거치느냐 아니냐다. 퇴직연금은 금융기관에 의무적으로 퇴직금을 적립해 보관하기 때문에 받을 때도 금융기관을 거쳐서 받게 된다. 수령액에서도 조금 차이가 나는데, 퇴직연금제도는 유형에 따라 확정급여형DB, 확정기여형DC, 개인형 퇴직연금IRP으로 나뉜다.

확정급여형, DB Defined Benefit

DB형은 근로자가 받을 퇴직급여의 금액이 사전에 확정된 유형이다. 가장 안전한 지급 방식이기 때문에 이 유형을 택하는 사업체가 대부분이다. 회사는 매년 발생하는 퇴직금의 80% 이상을 금융기관에 의무적으로 적립해 책임지고 운용하며, 그에 따른 수익과 손실도 회사에 귀속된다. 운용 결과에 상관없이 근로자는 사전에 정해진 수준의 퇴직급여를 수령하게 된다.

확정기여형, DC Defined Contribution

DC형은 회사가 근로자에게 기여(지급)하는 금액이 확정돼 있다는 뜻이다. 회사는 매년 임금 총액의 12분의 1 이상에 해당하는 금액을 근로자의 퇴직연금으로 계좌 이체한다. 그러면 근로자는 스스로 상품을 선택해 직접 그 돈을 운용한다(근로자 본인의 추가 납입도 가능하다). 계좌의 운용에 따른 수익 및 손실도 본인에게 귀속되기 때문에 본인이 어떻게 하느냐에 따라 퇴직금 액수도 달라진다. 일종의 투자 개념이라고 볼 수 있다.

개인형퇴직연금, IRP Individual Retirement Pension

IRP형은 회사가 아닌 개인이 가입하여 운용한다는 점에서 위의 두 유형과 차이가 있다. 개인이 가입한다고는 하지만 IRP형 역시 근로자퇴직급여 보장법에 명시된 방식이다. IRP형은 근로자가 자신 명의의 퇴직 계좌로, 회사를 옮길 때마다 받는 퇴직급여 일시금을 계속해서 적립, 운용하다가 노후에 연금처럼 받을 수 있는 제도다. 요즘처럼 평생직장이 사라지고 이직이 잦아진 시대에 적합한 유형이라 할 수 있다.

TIP **퇴사 후, 정부혜택 알아보기**

① 먹고 살 걱정 덜 수 있게, 실업급여

실업급여는 재취업을 준비하는 이들에게 주는 복지정책이다. 실업급여를 받기 위해서는 고용보험에 가입된 기간이 180일 이상이어야 하며, 본인이 재취업을 위해 노력하고 있다는 의지를 보여야 한다.

② 재취업을 위한 전문성 키우기, 내일배움카드

내일배움카드는 직무 전문성을 키우기 위해 학원 등 교육기관에 다니게 될 경우, 훈련비의 일부를 지원해주는 복지정책이다. 훈련비의 50~90%, 최대 200만 원까지 지원받을 수 있다. 내일배움카드는 구직자뿐만 아니라 재직자도 지원받을 수 있다. 퇴사 전에 내일배움카드를 통해 전문성을 키워도 되고, 퇴사 후에 내일배움카드로 지원받아 새로운 분야에 관해 배워볼 수 있다.

③ 창업을 희망한다면, 청년창업사관학교

창업에 뜻을 두고 있다면, 청년창업사관학교를 통해 창업에 관해 배우고 창업을 준비할 수 있다. 특히 2019년부터 정부는 청년창업사관학교에 대한 지원 규모를 두 배 늘린다고 밝혔다. 창업 아이디어는 있지만 실행하는 방법을 몰라 막막하다면 청년창업사관학교에서 자금 지원부터 다양한 교육까지 받아보는 것이 좋다.

3장

나에게
맞는 사업은
무엇일까

프랜차이즈,
이것만은 따져보고 뛰어들자!

◆

    자영업에 나서는 30, 40대가 가장 먼저 떠올리는 것은 프랜차이즈일 것이다. 특별한 재능이나 경험, 큰 자본 없이 번듯한 내 가게를 가질 수 있는 방법이니 말이다. 프랜차이즈 가맹점을 운영하기 전에 명심해야 할 수칙을 알아보자.

업종을 신중하게 선택하라

    우리나라의 프랜차이즈 가맹점은 몇 개나 될까? 공정거래위원회에 따르면 2018년 기준으로 6,052개 가맹본부가 등록돼 있다. 이들이 거느린 가맹점 수는 모두 26만 3,490개다. 프랜차이즈 브랜드 하나당 약 43개의 가맹점이 있는 셈이다. 26만 3,490개의 가맹점 가운데 절반에 가까운(48.1%) 11만 7,202개가 외식업 프랜차이즈 가맹점이다. 2019년 한국공정거래조정원이 내놓은 자료에 따르면, 하루 평균 114개의 가맹점이 새로 개업하고 66개가 문을 닫았다. 가맹본부도 10곳 가운데 7곳은 5년을 채 버티지 못하는 것으로 나타났다. 이런 상황에서 실패하지 않으려면 어떤 업종을 선택해야 할까?

우선, 자신이 좋아하는 업종을 골라야 한다. 프랜차이즈 가맹점은 매뉴얼대로 운영된다. 그래도 자신이 관심이 있는 분야나 아이템이어야 일하는 재미도 있고 새로운 아이디어도 낼 수 있다. 업종의 생애주기도 고려해야 한다. 프랜차이즈 업종은 도입기-성장기-성숙기-쇠퇴기의 생애주기 곡선을 그린다. 유행을 탄다는 말이다. 되도록 도입기나 성장기에 있는 업종을 골라야 실패 확률을 줄일 수 있다. 지금 잘나가는 업종보다 유행 가능성이 큰 업종, 입소문이 막 나기 시작한 업종을 선택하는 것이 좋다. 업종에 따라 생애주기의 각 단계가 유난히 짧거나 긴 경우가 있는데 아무리 인기가 좋아도 생애주기가 짧은 아이템은 피해야 한다.

프랜차이즈 본부를
철저히 조사하라

업종을 선택했다면 어느 프랜차이즈에 가입할지 결정해야 한다. 단순히 브랜드 이미지만으로 결정하지 말고 사업 내용을 꼼꼼히 들여다보자. 가맹본부는 가맹을 희망하는 창업자에게 각종 정보를 공개할 의무가 있다. 계약 체결 14일 전까지 정보공개서를 제공해야 하는데, 여기엔 최근 3년의 대차대조표와 손익계산서, 가맹점 사업자의 평균 매출액, 법규 위반 내역, 재계약 규정, 교육 훈련 내용 등이 담겨 있다. 창업을 결심한 예비 가맹점주가 반드시 알아야 할 것들이다. 공정위에서 운영하는 가맹사업거래 홈페이지franchise.ftc.go.kr에 접속하면 국내 모든 가맹본부의 정보공개서를 확인할 수 있다. 다양한 프랜차이즈 브랜드를 비교해볼 수 있다.

가맹 희망자는 인근 가맹점 현황 문서, 예상 매출액 산정서(가맹점 수 100개 미만 기업은 제외)도 가맹본부로부터 받아볼 수 있다. 현황 문서는 가맹 희망자가 점포를 내려는 예정지에서 가장 가까운 10개 가맹점의 상호, 소재지, 전화번호가 기록된 문서로, 계약 체결 전 인근 가맹점을 찾아가 실제로 장사가 얼마나 잘 되는지, 가맹본부의 평판은 어떤지 직접 확인해야 한다. 발품을 파는 만큼 실패 확률은 줄어든다. 소상공인 상권정보시스템sg.sbiz.or.kr에서는 빅데이터를 이용한 상권 분석, 수익 분석 등 유용한 참고자료를 얻을 수 있다. 가맹본부가 제시하는 자료의 신빙성을 판단할 근거가 된다.

가맹계약서를
제대로 작성해야 한다

프랜차이즈 가맹점 계약서는 대부분 표준화되어 있다. 하지만 가맹본부가 내미는 계약서에 그대로 도장을 찍어서는 안 된다. 자신의 조건에 맞는 요구를 최대한 계약 내용에 반영해야 한다.

가맹계약서는 영업활동 조건과 영업 지역 설정에 관한 내용을 포함한다. 외식업종 가맹계약의 경우, 가맹본부의 필수 물품을 구입하는 조건을 명확히 해야 한다. 맛이나 품질의 통일성과 무관한 물품은 가맹본부를 통하지 말고 직접 조달하는 방식으로 계약을 체결하는 것이 좋다. 가맹본부가 판촉행사를 진행할 때, 그 비용을 가맹점주에게 떠넘기지 못하도록 하는 조항도 계약서에 포함해야 한다. 인테리어와 교육 훈련, 영업권 양도, 계약 해지 등에 관한 사항도 불리하지 않은지 꼼꼼히 살펴봐야 한다.

또한 가맹금 예치 제도도 알고 있어야 한다. 가맹사업법은 계약 과정에서 가맹본부가 가맹 희망자의 가맹금(계약금, 가맹비, 교육비 등)을 직접 받지 못하도록 규정하고 있다. 돈은 일단 금융기관에 묶여 있다가 영업 개시 뒤 찾아갈 수 있다. 사기성 가맹점 모집을 예방하려는 조치다. 만약 계약 과정에서 가맹본부의 잘못이 있으면 가맹금을 반환받을 수 있다.

공정거래위원회 홈페이지www.ftc.go.kr에서 업종별 가맹점 표준계약서 양식을 다운받아 자신의 계약서와 비교해보는 것이 좋다. 자세한 내용은 공정위 가맹거래과에 문의하면 알 수 있다.

상가임대차보호법을
숙지한다

프랜차이즈 가맹점을 시작할 때, 가맹 계약만큼 중요한 것이 상가 계약이다. 뉴스에서나 보던 건물주의 횡포나 젠트리피케이션(gentrifi-cation, 임대료 상승으로 원주민이 밀려나는 현상)이 내 얘기가 될 수 있다. 상가를 임대할 때는 우선 프랜차이즈 업종과 건물의 용도가 맞는지 확인하는 것이 중요하다. 법률은 합법적인 사업에 대해서만 보호장치가 되어준다.

상가임대차보호법의 적용을 받기 위해서는 임대보증금이 법이 정한 액수를 넘어서는 안 된다. 서울의 경우 6억 1,000만 원이 한도다

(2019년 기준). 인천, 성남 등 수도권 일부와 부산은 5억 원, 이외는 지역에 따라 2억 7,000만~3억 9,000만 원이 한도다. 월세의 경우 '보증금+월세×100'으로 계산한 환산보증금이 이 범위 안에 들어야 보호받을 수 있다.

보호 범위에 든다면 임대 기간이 끝날 때 계약 갱신을 요구할 수 있다. 임대료 연체 등 특별한 이유가 없는 한 최대 10년까지 계약을 연장할 수 있다. 보증금 또는 월세도 1년에 5%까지만 올릴 수 있다. 가게를 넘길 때 권리금을 받는 것도 법이 보장해준다.

분쟁 시 매뉴얼에 따라 행동하라

프랜차이즈 가맹점을 운영하다 보면 가맹본부와 다툼이 생기는 경우가 있다. 법에는 가맹점 사업자를 보호하기 위한 여러 규정이 마련돼 있다. 가맹사업법은 가맹본부의 부당한 점포 환경 개선 요구, 영업지역 침해, 손해배상금 부과를 금지하고 있다. 24시간 영업이 계약 내용에 포함돼 있더라도 오전 1~6시 시간대에 영업 손실이 발생하거나 질병 등의 이유가 있을 경우, 가맹점 사업자는 가맹본부에 영업시간 단축을 요구할 수 있다. 가맹점 사업자가 계약 갱신을 요구할 경우, 가맹본부는 정당한 사유 없이 이를 거절할 수 없다. 계약갱신 요구권은 최초 계약 기간을 포함해 10년까지만 인정된다.

위와 같은 사항을 포함해 가맹본부와 갈등이 있을 경우, 정해진 절차에 따라 행동해야 자신의 권리를 지킬 수 있다. 가장 먼저 한국공정거래조정원www.kofair.or.kr에 설치된 분쟁조정협의회에 조정을 신청해야 한다. 조정이 이뤄지지 않는다면 분쟁 사항에 대한 구체적인 사실관계를 증빙하는 자료를 모아서 공정위에 상담 신청을 하거나, 공정위 지방사무소에 신고할 수 있다. 대한법률구조공단이나 대한상사중재원에서 도움받을 수 있다.

카페 하나 차리는 데 얼마나 들까?

✦

출근길에 잠 깨려고 한 잔, 점심 먹고 입가심으로 한 잔, 저녁에 친구 만나 수다 떨면서 한 잔. 피곤한 회사원들의 일상 속에 필수품처럼 자리 잡은 것은 바로 커피다. 실제로 한 단체에서 전국 성인 1,000명을 대상으로 조사한 결과 하루 평균 두 잔 이상의 커피를 마신다고 응답한 사람이 무려 62.7%인 것으로 나타났다. 카페 이용 횟수는 일주일 평균 1~2회가 29.5%로 가장 많았고, 하루 1~2회 방문도 14.7%나 차지했다. 이처럼 고객들의 수요는 꾸준하다. 더구나 카페 창업은 타 요식업 대비 적은 자본으로도 가능해 은퇴를 준비하며 창업을 하려는 사람들이 관심을 가지는 창업 분야 1위다.

초보 창업자가 놓치기 쉬운
카페 창업 A to Z!

카페를 창업하고자 결심하였다면 먼저 카페의 아이덴티티를 확립해야 한다. 임대료가 비싼 도심의 노른자위 땅에 회전율이 낮은 스터디카페를 운영하면 임대료를 감당하기 힘들 것이다. 주변 상권을 고려해 어떤 고객을 타깃으로 잡을 것인지, 주력 메뉴를 무엇으로 할지 고심해야 한다. 적절한 위치 선정과 타깃 고객에게 알맞는 분위기의 인테리어, 메뉴판도 고민하자. 소품 하나하나는 물론이고 조명이나 음향까지 쉽게 넘겨선 안 된다. 위치를 선정할 때는 유동인구와 노출도(유동인구가 얼마나 잘 발견할 수 있는지)를 고려하는 것이 좋다. 임대료가 부담스럽다면 대단지 아파트 근처, 상가 밀집 지역 등 주택이 많은 곳으로 눈을 돌려도 좋다.

인테리어를 할 때는 상하수도의 위치를 파악하고 전기 증설 부분을 꼼꼼히 챙겨야 한다. 커피머신이 들어갈 자리와 냉장고, 제빙기 등 전자제품이 들어갈 위치를 고려하고, 필요하다면 배수 공사도 추가로 진행하는 것이 좋다. 커피머신과 제빙기가 배수관과 멀면 기계에 찌꺼기가 쌓일 수 있다. 그러면 악취가 나고 심할 경우 관이 막히기도 하므로 최대한 배수관과 가깝게 설치하자. 타일, 도배 등 시공이 필요한 것들은 전문업체에 맡기고 자잘한 것은 직접 하는 반셀프 인테리어를 추천한다.

또 카페에서 이용하는 커피머신이나 오븐, 냉장고, 쇼케이스, 에어컨은 생각보다 많은 전기를 소모한다. 커피머신에는 별도의 차단기 설치도 필요하다. 전기 공사가 잘 됐는지 반드시 확인하자. 또한 매장에서 이용할 인터넷을 미리 신청해두고 포스기 설치는 매장 오픈 날짜에 맞춰 준비한다. 포스기 설치 시 각 카드사와 계약해야 하는데, 길면 일주일까지 소요되므로 미리 준비해야 한다.

카페 창업 시 놓치지 말아야 할 고수의 팁

카페 창업에는 인테리어 외에도 커피머신이나 그라인더, 가구, 집기 구입 등에 비용이 많이 소요된다. 서울 마포구에 위치한 황학동 주방 거리를 가보자. 이곳에는 식당이나 카페 개·폐업을 전문으로 하는 중고업체들이 몰려 있다. 신품처럼 깨끗한 중고품도 많으므로 발품을 조금 팔면 50~70% 정도 비용을 절약할 수 있다. 가기 전에 꼭 신품 가격을 미리 알아보고 제품을 사기 전에는 AS 등 사후 관리가 가능한지도 꼼꼼히 체크해야 한다.

다만 커피머신 등 고가의 기계는 새 제품으로 사는 것이 오히려 더

저렴한 경우도 있다. 반짝거리는 외관만 보고 덜컥 샀다가 잔고장 때문에 수리비가 더 드는, 배보다 배꼽이 큰 경우가 발생할 수 있기 때문이다. 사용 중 펌프나 필터 등 작은 부속품들이 분실되는 경우도 적지 않다. 부득이하게 중고로 사야 한다면 연식과 사용 명세를 꼼꼼하게 살펴보고 해당 브랜드의 유통사나 부품 업체가 아직 있는지 체크하자. 부품 수급이 어려운 머신을 구입하면 수리마저 어려워 발만 동동 구르는 경우가 생길 수도 있다.

커피머신은 크게 보급형, 중급형, 고급형으로 구분할 수 있다. 유동인구가 많은 매장인지, 커피가 주 메뉴인지 혹은 보조인지, 손님이 특히 몰리는 시간대가 있는지, 시간에 상관없이 고르게 오는 매장인지 등 예상 판매량을 따져서 결정해야 한다. 초보 카페 창업자에게 추천할 만한 보급형, 중급형 위주로 정리했다.

보급형 커피머신 : 300만 원 대 후반~400만 원 대 초반

보급형의 경우 가장 널리 알려진 라심발리LA CIMBALI, 카사디오CA-SADIO 등은 약 300만 원대 후반부로 가격이 형성돼 있다. 라심발리의 경우 튼튼하고 성능이 좋아 가장 많이 판매되는 커피머신 브랜드다. 다만 AS와 관련해 소비자 불만이 많다는 후기가 있다.

중급형 커피머신 : 600만 원 대 중후반~700만 원 대 중후반

중급 모델로 넘어가면 BFC, 웨가WEGA 등의 회사가 있다. 웨가의 커피머신은 커핀그루나루를 비롯하여 여러 체인점에서 사용하는 등 검증됐다는 평가를 받고 있다. 큰 제조공장을 갖고 있기 때문에 부품 수급이 쉬워 유지보수도 어렵지 않다. 웨가의 중급형 모델은 약 700만 원 중후반 대부터 살 수 있다.

각종 바리스타 대회에서 공식 머신으로 선정하는 콘티CONTI의 커피 머신은 다양한 추출 방식으로 인기를 얻고 있다. 가격대는 약 600만 원대 중후반이지만 초보들이 사용하기에 예민한 변수들이 많아 다루기 어렵다는 피드백도 있다.

이 밖에 커피 잔이나 접시, 트레이 등 집기는 소모품이기 때문에 대량으로 사들여야 한다. 황학동 주방 거리에서 중고 물품을 사거나 온라인을 통해 대량 구매하면 비용을 줄일 수 있다. 카페 이름이 새겨진 로고 머그잔의 경우 수량별로 단가가 차등 적용되는데, 보통 온라인 구매 시 100개 기준 10만 원대 초중반이다. 빨대나 휴지도 한꺼번에 많이 살수록 할인 폭이 크다. 빨대의 경우 플라스틱은 1,000개에 7,000원 수준이고 종이는 500개에 1만 5,000~2만 원 수준이다. 업소용 휴지는 1박스당 약 3만 원 정도로 구입할 수 있다. 이런 소모품도 커피 판매량을 고려해 넉넉하게 사전 주문해야 한다.

가장 중요한 것은 예비 자금을 비축해두는 것이다. 매장에서 사고가 발생한다거나 기구가 갑자기 고장 났을 때, 예기치 못하게 비용이 드는 일이 생긴다. 요식업은 계절도 많이 타기 때문에 장마철이나 겨울에는 매출도 준다. 여름 성수기에 신제품 메뉴를 다양하게 개발해 업황을 버틸 수 있는 자금을 확보하자.

카페 창업할 때 비용은 얼마나 들까?

카페 창업은 프랜차이즈와 개인 카페로 구분할 수 있다. 프랜차이즈의 경우 인테리어나 메뉴, 커피머신 등 주요 기계는 본사의 지침에 따라야 한다. 소규모 프랜차이즈의 경우 약 7,500만 원이 들어간다. 창업 컨설팅 비용과 교육비, 광고비 등이 포함된 금액이다.

창업 컨설팅 비용 500만 원+교육비 500만 원+커피머신 등 장비 2,000만 원
+ 원두, 부재료, 일회용품 구입비 400만 원+광고비와 로열티 비용 100만 원
+인테리어와 기물 비용 4,000만 원=7,500만 원

프랜차이즈가 아니라 개인 카페라면 선택지가 넓어진다. 커피머신을 중저가로 선택해 예산을 낮출 수 있고 임대료와 인테리어 비용도

낮출 수 있다. 인테리어 비용을 평당 120~150만 원이라고 가정하면 약 10평의 카페를 창업하기 위해 1,200~1,500만 원이 지출된다. 여기에 초기 비용인 커피머신 등 장비 구매 2,000만 원, 원두나 부재료, 일회용품 구입비 400만 원 등 임대료와 보증금을 제외하고 약 4,000만 원이 든다.

인테리어 비용 1,500만 원+커피머신 등 장비 2,000만 원
+원두, 부재료, 일회용품 구입비 400만 원=약 4,000만 원

자금만큼 중요한 것은 서비스업에 대한 이해와 커피 산업에 대한 분석이다. 큰돈을 들여 가게를 창업하는 만큼 트렌드에 맞는 신메뉴를 개발하거나 인테리어, 음악을 바꾸는 등 끊임없는 노력이 필요하다. 카페를 창업하기 전, 프랜차이즈 커피 전문점부터 동네 카페에 이르기까지 아르바이트를 다양하게 해보는 것이 좋다. 학원에 다니며 바리스타 자격증을 따는 것도 추천한다. 자격증이 있다는 것만으로 고객에게 신뢰감을 주고, 무엇보다 자격증을 준비하며 커피와 커피 산업에 대한 이해도를 높일 수 있다.

바리스타 자격증은 국가 공인 자격증이 아니기 때문에 사립협회에서 발급한다. 종류가 150개가 넘는다. 중요한 것은 발급 기관의 공신력이다. 업계에 따르면 현재 가장 인기 있고 공신력 있는 협회는

'SCA BARISTA'다. 유럽 스페셜티 커피 자격증으로 가장 큰 규모의 협회가 주관한다. 1~3단계로 레벨이 나누어져 있고 등급이 높을수록 합격률이 매우 낮아지기 때문에 국내외 통틀어 가장 공신력 있는 자격으로 손꼽힌다. 국내 자격증 중에는 '한국커피협회'의 바리스타 자격증이 유명하다. 국제 바리스타 대회 출전을 염두에 두고 있다면 이 자격증이 필수다.

자격증 아카데미 비용도 학원별로 천차만별이다. 몇 군데 알아보고 비교해보자. 학원 합격률도 중요하고 협회에서 시험 장소로 지정한 학원에서는 시험 일정까지 조율할 수 있으니 한층 편리하다. 커피뿐만 아니라 디저트, 브런치를 배울 수 있는 다양한 종류의 사설 아카데미가 있다.

카페는 이미 포화 상태라는 말이 있다. 하지만 최근 우리나라에 진출한 일본 카페 '블루보틀'은 손님이 끊이지 않고 스타벅스의 매출도 꾸준히 오르고 있다. 블루보틀이 우리나라에 진출했다는 것은 우리나라의 커피 시장이 여전히 가능성이 충분하다는 의미로 해석할 수 있다. 뛰어난 아이디어로 차별화할 수 있으니, 얼마나 철저히 준비하느냐가 관건이다.

돈 버는 셀프 빨래방은
1%가 다르다

◆

가전제품을 비롯한 살림살이를 줄이는 미니멀리즘이 트렌드로 떠오르면서 셀프 빨래방이 인기 창업 아이템이 됐다. 셀프 빨래방은 창업이 쉬운 편이고 무인으로 운영할 수 도 있어 인건비 비중이 낮아 관리도 어렵지 않다. 크게 유행을 타지 않고 상권만 잘 잡는다면 수요도 꾸준해 폐업 위험이 상대적으로 낮은 편이다.

셀프 빨래방을 창업하기 전에 선택할 것

국내에 빨래방이 들어온 것은 10여 년 전이다. 1세대라고 할 수 있는 초창기 코인 빨래방은 세제와 린스(섬유유연제)를 따로 구입해서 투입하는 방식이 많았다. 현금을 이용하는 고객이 줄면서 신용카드, 선불 포인트카드 등 결제 방식이 다양화된 2세대 빨래방이 생겨났다. 이들은 세탁과 건조뿐만 아니라 신발 세탁 등 부가서비스를 제공하기 시작했다. 3세대라고 할 수 있는 최근의 빨래방은 멀티숍 형태가 많다. 드라이를 맡길 수 있는 세탁소+편의점+빨래방, 혹은 카페+빨래방 등의 형식이다.

셀프 빨래방은 다양한 형태로 운영할 수 있다. 기계를 구비해 24시간 무인으로 돌리거나 1, 2명의 인원이 상주하면서 드라이 등 빨래 대행 서비스를 제공하며 일반 세탁소 영업도 하는 것이다. 숍인숍 개념으로 카페와 함께 운영할 수도 있다. 많은 빨래방이 멀티숍 형태로 운영된다. 하지만 이런 경우엔 매출은 올라가겠지만 인건비가 추가로 지출되는 만큼 빨래방 입지와 서비스 이용 고객 수를 고려해 결정해야 한다. 무인 서비스의 경우 오전이나 밤에 가게를 방문해 기계 오류를 점검하고 세제를 채워 넣는 등의 업무가 추가된다. 돈을 비우고 잔돈을 채우는 일, 매장과 세탁 장비를 청소하면서 매장의 전반적인 부분을 관리해야 한다.

나 홀로 vs 프랜차이즈

핫한 창업 아이템이다 보니 프랜차이즈도 많다. 크린토피아, 크린업24, 워시엔조이가 대표적이다. 프랜차이즈로 창업하면 오픈 전 입지 물색, 세탁 장비, 오픈 후 사후관리, 마케팅, 결제 자동화 시스템 등 여러 도움을 받을 수 있다. 크린토피아의 경우 10일 이상의 현장 실습, 5일 이상의 이론 교육 및 실습이 필수다. 이러한 교육 시스템과 창업 후 온라인 홍보, 이벤트 등 마케팅 지원과 본사 매니저의 매장 운영 지원 등 다양한 프로그램이 갖춰져 있어 초보 창업자에게 많은 도움이 된다.

문제는 비용이다. 대부분 프랜차이즈는 가맹비와 본사 보증금, 인테리어, 포스 등 고정비용이 정해져 있다. 크린토피아를 기준으로 살펴보면 가맹비 400만 원, 본사 보증금 300만 원, 인테리어 약 3,000만 원, 세탁기 및 건조기 약 8,000만 원, 스마트락커 300만 원, 웹캠&스캐너 약 10만 원 이상이 들어 총 1억 2,010만 원 정도가 필요하다. 타 업체의 경우 포스 임대 비용까지 추가로 드는 것을 생각하면 비용은 더 늘어난다.

개인이 창업할 경우 가맹비나 본사 보증금은 들어가지 않는다. 대신 마케팅을 스스로 해야 한다. 프랜차이즈로 창업했을 때 받는 교육도 포기해야 하므로 초기 시행착오로 인한 비용도 발생할 수 있다.

그 외에 장비와 설비, 인테리어 부분도 프랜차이즈로 창업할 때와 비슷한 수준으로 필요하다.

　대부분 셀프 빨래방은 세탁기와 건조기가 각각 3대 정도 갖춰져 있다. 여기에 세제 등을 무인으로 판매하는 세탁용품 판매기도 설치해야 한다. 창업비용에서 가장 많은 부분을 차지하는 것이 이 세탁 장비와 설비다. 1, 2년 쓰고 버릴 것이 아니기 때문에 꼼꼼하게 살펴보고 가격을 비교해본 뒤 신중하게 구입하는 것이 중요하다. 대부분 셀프 빨래방에서는 20~30kg의 업소용 세탁기와 건조기를 구비하고 있다. 국산 제품과 수입 제품 등 시중에 여러 가지 모델이 많으니 예산에 맞게 구입하자.

입지와 고정비를 고려하라

　셀프 빨래방 창업의 가장 큰 장점은 체력적으로 부담이 적고 시간 활용도가 높다는 것이다. 계절이나 유행을 타지 않아 자리만 잘 잡는다면 오랜 기간 꾸준히 운영할 수 있다. 빨래방 창업에서 가장 중요한 것은 단연 '입지'다.

　고객 입장에서 생각해보자. 이불과 같은 부피가 큰 빨랫감을 들고 이동하려면 주택가에서 가까운 곳이 좋다. 자금에 여유가 있다면 주차장을 간소하게나마 마련하는 것이 좋다. 빨래방에 맡기는 세탁물은 부피가 크고 양이 많은 경우가 대부분이라 많은 고객이 차를 이용한다. 매장 앞에 마련해놓은 작은 주차 구역이 가게의 차별성이 될 수 있다. 그렇지 않다면 주변에 주차할 만한 공터가 있는 곳을 선택하는 것을 추천한다.

원룸촌, 오피스텔 단지 등 주거지뿐 아니라 편의점이나 마트, 체육시설, 카페, 보육 시설 등 생활편의시설이 밀집한 지역일수록 고정 고객이 늘어나는 효과가 있다. 도시일수록 부피가 큰 세탁물은 빨래와 건조가 어렵기 때문에 인근에 있는 세탁 시설을 많이 이용한다. 24시간 운영하는 빨래방 특성상 카페나 편의점이 근처에 있으면 고객들이 밤늦게 방문해도 덜 무섭다는 장점이 있다. 낮은 임대료만 고려하고 으슥한 골목에 자리 잡기보다는 잠재 고객들에게 많이 노출되는 위치를 고려하자.

정리하자면 원룸 혹은 오피스텔 단지, 주차가 가능한 넓은 입지, 편의점, 카페 등 생활편의시설 밀집 지역, 임대료 순으로 고려할 수 있다. 입지 다음으로 고려해야 할 것은 초기비용과 월 고정비용이다. 고정비용은 월세와 세탁기에 들어가는 물, 건조기 이용 시 사용하는 전기 등이다. 셀프 빨래방을 운영 중인 점주들에 따르면 순수 매출의 약 20~30% 정도가 고정비용으로 나간다고 한다.

창업박람회에서 만난 크린토피아 관계자는 "월세 200만 원 이상인 경우 창업하지 않는 것이 좋아요. 고정비용을 고려하면 월세는 100만 원 안쪽이 되어야 가게를 여유 있게 운영할 수 있거든요."라고 조언했다. 실제로 대부분 빨래방의 가격은 대형 세탁과 건조 시 각각 3,500~4,500원 선으로 책정돼 있다. 24시간 풀full로 가동해도 어마어마한 수익이 나긴 어려운 구조다.

매출 대비 고정비 비중과 변동비가 커질수록 수익률이 높아지는 구조로 약 500만 원 이상의 매출이 발생해야 100만 원(월세)+100~150만 원(고정비용)을 제한 250~300만 원의 순수익을 가져갈 수 있다는 계산이 나온다.

설비만 갖춰 놓으면 매달 편안하게 돈이 들어올 것이라는 장밋빛 환상은 금물이다. 주의사항을 꼼꼼히 숙지해야 돌발 사고에도 당황하지 않고 영업을 이어갈 수 있다. 빨래방 사업이 비교적 손이 많이 가지 않는 아이템이지만 그만큼 철저한 관리와 보수가 필요하다. 상주 직원이나 아르바이트를 쓰지 않는다면 점주가 직접 신경 쓸 부분도 많아진다. 매장에 쓰레기를 버리고 가거나 매장을 더럽히고 가는 사례가 종종 발생하기 때문에 청결한 관리는 기본이다. 24시간 운영하는 매장의 경우 취객이나 노숙자가 매장에 들어오는 경우도 있다. 밤늦은 시간에 걸려오는 클레임 전화도 고충이 될 수 있다.

가게가 자리 잡히고 단골이 많아질 때까지는 당분간 점주가 자리를 지키는 것이 좋다. 무엇보다 빨래방은 특별한 노하우가 필요하지 않아 경쟁이 심해질 수 있는 업종이다. 고객을 끌어들이려면 차별성이 필요하다. 다른 가게보다 쾌적하고 깨끗한 것은 기본이고, 주인이 상주하면서 기계 작동법을 알려주는 것 등이 차별성이 된다. 빨래가 다 되기를 기다리는 손님들을 위한 카페 등 휴식공간을 마련하는 것도 좋다.

창업이 비교적 쉽고 관리가 쉽다는 점, 인건비가 따로 들어가지 않는 점, 꾸준한 수요로 폐업 가능성이 적다는 점 모두 매력적인 창업 아이템이다.

독립서점의
하루 매출은 얼마일까?

◆

독립서점은 2015년 97곳이었던 것이 2020년 기준 650개로 폭발적으로 늘어났다. 책이라는 특성상 서점은 낭만적인 공간으로 느껴지기도 하여 많은 사람들이 꿈꾸는 창업 아이템이다.

직장인 J씨는 읽고 싶은 책들이 가득한 자신만의 책방을 여는 것이 오랜 꿈이다. '어릴 적 꿈꾸던 책방 주인, 한번 해볼까?'라는 생각에 다니던 직장을 그만 두고 꿈에 그리던 독립서점을 차리기로 결정했다.

책은 어디서 구해야 할까?

독립서점 창업의 관건은 책이다. 책이 곧 콘텐츠고 그 서점의 정체성이다. 서점에 들여오는 책의 종류는 크게 2가지로 나뉜다. 첫째 독립출판물이다. 독립출판물이란 규모가 작은 출판사 혹은 1인 출판사, 그것도 아니면 개인이 출판하는 서적을 말한다. 독립출판물의 경우 출판사나 작가가 서점에 입고 문의를 하는 경우가 종종 있으니, SNS, 커뮤니티 등을 이용하는 것이 좋다. 인스타그램에 서점 계정을 열면 많은 작가에게 메시지가 온다. 독립출판물을 취급하는 출판사들 역시 인스타그램을 통해 연락하는 경우가 많다.

'#독립출판물', '#독립출판사' 등의 해시태그로 검색해도 많은 정보를 얻을 수 있다. 대개 선 입고 후 정산 방식이기 때문에, 독립출판물에 주력한다면 초기 비용을 상당히 줄일 수 있다. 우리가 익히 아는 기성 출판사는 도서 정가의 약 75~85% 정도로 공급가를 책정한다.

시중 도서의 정가는 매우 다양하지만 보통 1만 원을 기준으로 잡고 계산한다. 대형 출판사의 경우 북센과 같은 전문 유통업체가 공급을 맡는다. 알라딘, YES24와 같은 인터넷 서점도 이용할 수 있다. 알라딘의 경우 독립서점 운영자를 위한 카테고리를 따로 운영하고 있어 회원가입 후 이용하면 좋다. 인디펍과 같이 1인 출판사와 독립출판사, 독립서점을 매칭해주거나 독립출판물을 도매가격으로 구입할 수 있는 유통업체와 직접 거래하는 방법도 있다. 독립서점용 에디션을 따로 출판하여 공급하는 출판사도 있으니, 꼼꼼하게 알아볼 필요가 있다.

독립서점은 어디에 열어야 할까?

기성 서점은 대부분 상가와 비슷한 입지 요건이 필요하다. 하지만 독립서점은 조금 다른 시각으로 봐야 한다. 가장 중요한 것은 '임대료'다. 소규모 업장에서 출판물을 판매해 얻을 수 있는 수익이 사업 초기에는 생각보다 많지 않기 때문이다.

앞서 언급한 J씨는 서울 서대문구 미근동 근처에 책방을 차리고 싶었다. 부동산 중개 전문 애플리케이션 및 사이트에서 쉽게 상가 임대를 검색할 수 있다. 숨어 있는 보석을 찾기 위해서는 지역 부동산 중개소를 찾아가보는 것도 좋다. 여러 날을 공들인 결과, 미근동에는 매물이 없어 근처 냉천동에서 보증금 2,000만 원에 월세 60만 원, 권리금 없는 상가를 찾아냈다. 여기서 짚고 넘어갈 것이 있다.

부동산 거래 시에는 건축물대장, 등기부등본을 반드시 확인해봐야 한다. 등기부등본을 보면 부동산의 법적 소유주가 누구인지 알 수 있다. 건축물대장은 건물 및 각 층의 용도가 나와 있는데, 불법 개조,

용도변경 등의 건물 이력 조회가 가능하다. 민원24 www.minwon.go.kr에서 열람할 수 있지만, 부동산 중개업자를 통해 확인하는 것이 더 좋다. J씨가 찾아낸 매물은 3층이다. 독립서점을 창업할 때는 대체로 월세가 상대적으로 높은 1층 입주를 피하는 경우가 많다. 대부분이 입소문이나 SNS를 통하여 홍보를 하기 때문에 접근성은 크게 고려할 부분이 아니다.

참조할 만한 사이트, 밸류맵

밸류맵은 복잡한 부동산 정보를 한눈에 볼 수 있는 사이트다. 요즘은 앱으로 부동산 거래를 하는 사람들이 많지만, 토지 정보, 건물 정보를 알려면 부동산 중개업자를 만나야 알 수 있는 경우가 많다. 밸류맵에서는 토지 정보부터 건물 정보까지 필요한 정보를 한눈에 볼 수 있다. 최근 거래가 얼마에 진행됐는지도 알아볼 수 있고, 각 건물의 층별 용도까지 확인할 수 있다. 발로 뛰어 시장정보를 수집하는 것도 좋지만, 밸류맵을 통해 상권의 기본적인 정보를 알고 가면 시간을 아낄 수 있다.

· **밸류맵** www.valueupmap.com

인테리어는 어떻게 할까?

J씨가 상가를 보러 갔더니 현재 공예품 작업실로 사용하고 있어서 크게 더럽거나 수리가 많이 필요하지 않았다. 인테리어를 어떻게 할까 고민되기 시작했다. 콘셉트는 정했지만, 시공도 직접 하려니 걱정이 됐다. J씨는 모던하고 심플하게 오크&화이트로 콘셉트를 결정했다. 페인트도 직접 사고, 인터넷에서 DIY 가구를 주문해서 비용을 최소화했다. 책과 부동산 비용은 줄이기 쉽지 않지만, 인테리어는 시간과 수고를 들이면 절약할 수 있다. 대표적인 DIY 가구 판매회사인 이케아IKEA를 활용하는 것도 방법이다. 이케아는 인터넷 주문도 가능하지만, 경기도 광명시와 고양시에 매장을 운영하고 있기 때문에 실물 확인이 가능하다.

참조할 만한 사이트, 에이스 홈센터

에이스 홈센터는 셀프 인테리어의 '성지'로 불린다. 집, 사무실, 등 모든 생활공간의 수리부터 보수에 필요한 물품을 판다. 4만 여종의 다양한 자재가 있다. '에이스 하드웨어'라는 유튜브 채널에서는 DIY 인테리어 방법, 공구 사용법 등 다양한 정보를 얻을 수 있다. 오프라인 매장은 서울 용산, 목동, 금천 세 군데에 있다.

· 에이스 홈센터 www.ace-hardware.co.kr

사업자등록, 이제 나도 사장님!

이제 사업자등록을 해야 할 차례다. 사업자등록에 대해서는 관할 지역 세무서에 문의하는 것이 가장 빠르고 정확하다. 인터넷에 '지역 이름+세무서'를 검색하면 바로 찾을 수 있다. J씨는 서대문구 미근동 근처에 서점을 차릴 예정이기 때문에 점심시간을 활용해 서대문 세무서에 찾아갔다. 세무서에 직접 방문하기 어렵다면 국세청 홈페이지의 '국세정보–사업자등록 안내'에서 자세한 정보를 얻을 수 있다. 홈택스에 가입돼 있고 공인인증서가 있으면, 세무서에 방문하지 않고 인터넷을 통해 사업자등록 신청 및 구비서류 전자 제출이 가능하다. 사업자등록이 완료되면 사업자등록증 발급까지 가능하니 국세청 홈페이지를 꼼꼼히 보고 세무서를 방문하는 것도 좋다. 세무사에게 상담하는 것도 방법이다.

· 국세청 www.nts.go.kr

초기투자비용 결산과 예상 월수입 계산해보기

지금까지 예상되는 초기 투자비용을 합쳐보니 보증금 2,000만 원, 초기 3개월 월세 180만 원, 부동산 관련 부대비용 20만 원, 인테리어 비용(가구 및 생활가전 포함) 400만 원, 기타 비용 30만 원. 그리고 초기 도서 구매량을 1,000권으로 잡는다면 100만 원이 추가되어 총 2,730만 원이다. 이때 관리비 5만 원(전기세 포함), 인터넷 3만 원, 월세 60만 원으로 매달 최소 고정지출은 68만 원이다. 주 6일 영업으로 가정하고 책 1권당 정가 평균 1만 원, 판매 시 매권 정가의 25% 수익을 올린다고 가정해보자. 권당 수익은 2,500원, 하루에 10만 원을 벌려면 40권을 팔아야 한다. 하루에 8시간 영업한다고 가정하면 시간당 5권 정도 팔아야 하는 것이다. 이렇게 4주를 일했을 때 J씨가 순수하게 도서 판매로만 벌 수 있는 돈은 약 172만 원이다.

영업신고와 카드단말기 설치, 그리고 가오픈!

J씨는 서대문구청에 영업신고를 하러 갔다. 관련 서류는 미리 구청에 전화해 확인했다. 신고를 하자마자 영업신고증을 수령할 수 있었다. 곧바로 근처 은행에 개인사업자 통장을 개설하러 갔다. 개인사업자 통장 개설에는 신분증, 사업자등록증, 현금(통장 개설을 위해 입금시킬 돈, OTP 발급비), 도장(사인으로 대체 가능)이 필요하기 때문에 미리 준비했다.

카드단말기 설치와 카드회사 가맹도 바로 해야 한다. 개인사업자가 카드단말기를 신청할 때 카드회사 가맹등록까지 진행해주는 경우가 대부분이다. 단말기 등록비와 전산관리비까지 요구하는 경우도 있으니 여러 업체를 비교해보는 것이 좋다. 요즘 와이파이가 안 되는 가게는 없다. 통신사에 연락해서 인터넷 및 와이파이 공유기 설치를 신청하는 것도 잊지 말아야 한다. 예약 후 방문 설치가 기본이니 오픈일에 맞춰서 차질 없이 진행하는 것이 중요하다.

J씨는 손님 반응이 보고 싶지만, 곧장 오픈하는 것이 괜스레 두렵다. 이럴 때 도움 되는 것이 바로 '가오픈'이다. 본격적으로 영업을 시작한 것은 아니지만, 새로운 가게가 열렸다고 지역 사회에 알리는 과정이다. 이때 지인을 초대해서 혹여나 놓친 부분을 재빨리 수정하는 것도 좋다. 가오픈 날, J씨는 서둘러 준비하고 영업시간보다 1시간 정도 일찍 도착했다.

청소를 끝낸 J씨는 오늘의 입·출고 계획을 먼저 확인한다. 인스타그램을 통해 연락했던 작가의 메일도 확인하고 답장한다. 곧 영업을 시작할 시간이다. 아무래도 가오픈이라 사람이 많이 오진 않는다. 그래도 새로 들어선 가게라 둘러보고 가는 사람들은 몇몇 있다. 지인 몇 명이 와서 책을 구매했다. 처음으로 영수증을 출력하는 순간이 감격스럽다. 오늘은 일찍 퇴근하지만, 정식 오픈을 하면 저녁 시간에는 북토크나 강연회를 열어볼 예정이다.

내 책방의 콘셉트 정하기가 어렵다면,
이런 가게들을 참고하자

서점 안에 또 다른 가게! 숍인숍 shop-in-shop

숍인숍은 가게 안의 작은 가게가 있는 형태로, 가게 한쪽에서 책방을 함께 운영하는 것이다. 공덕동에 위치한 '아직 독립 못 한 책방'이 이런 형태다. 사장님의 본업은 약사다. 그래서 약국 한쪽에 서점이 마련되어 있다. 작가를 초청해 세미나를 열기도 하고, 정기적으로 서평단을 모집해서 커뮤니티를 활성화한다.

우리 서점의 시그니처! 분야별 서점

분야별 서점은 도서 분야별로 특화된 서점을 말한다. 마포구 도화동에 있는 '프레드릭북스'가 그중 하나다. 이곳은 그림책을 전문으로 하는 서점이다. 현직 동화작가인 이루리 씨와 도서출판 북극곰 이순영 대표가 운영한다. 독서모임, 워크숍, 전시, 강연 등의 부가 콘텐츠도 함께 진행한다.

문화란 문화는 다 이곳에서 경험할 수 있는 복합문화공간

복합문화공간은 독립출판물 및 아트상품 판매와 더불어 전시와 공연을 정기적으로 연다. 마포구 동교동에 있는 '공상온도'가 대표적이

다. 카페를 기반으로 한 이곳은 엄선한 독립출판물과 굿즈를 판매한
다. 아티스트에게 공간을 대여하기도 한다. 살롱에 가까운 콘셉트로,
음악과 커피를 함께 즐기기에 좋다.

유럽을 우리나라에서, 유럽 문화 살롱

살롱 문화는 유럽을 관통하는 문화적 요소로 한 공간에 사람들이
모여 문학, 음악, 미술 등의 예술작품을 교류하는 것을 말한다. 이는
독립서점의 수익 창출과도 연계된다. 아지트인 독립서점에 모여서
커뮤니티를 형성하고, 공통의 취향을 만들어내고, 취향을 보존 및 확
장할 수 있는 경험을 지속해서 공유한다. 그래서 입지보다는 마케팅
이 더 중요하다. 독서라는 경험을 나눌 수 있는 세미나, 글쓰기 클래
스 등의 부가적 경험을 제공해 지속적인 수익을 창출할 수 있다.

4장

새내기 사장님을
위한
세금 과외

창업 전 알아두면 돈이 되는
내 사업 절세 지식

✦

창업 시 아이템에 대한 확신이나 열정 못지않게 중요한 것이 있다. 바로 세금에 대한 지식이다. 세금을 모른다면 '앞으로 벌고 뒤로 밑지는' 경우가 생길 수 있다. 직장인일 때는 회사가 알아서 처리해주다가 프리랜서로 독립하거나 창업하는 순간부터 세금은 스스로 챙겨야 할 필수 생존 과제가 된다.

사장님이 내는 세금은 얼마?

사업자가 내야 하는 세금은 크게 '종합소득세'와 '부가가치세'다.

먼저 종합소득세에 관해 알아보자. 종합소득세란 소득에 부과되는 세금으로, 과세 기간은 1년이며 다양한 소득을 종합해 부과하는 세금이다. 다양한 소득이란 이자소득, 배당소득, 사업소득, 근로소득, 연금소득, 기타 소득을 의미한다. 근로소득, 퇴직소득, 연금소득만 있는 사람은 신고 대상에서 제외된다. 직장인이라도 근로소득 외 소득이 있다면 신고 대상이다.

직장생활을 할 때는 다달이 월급에서 소득세를 뗀다. 사업자가 되면 1년에 한 번, 5월에 소득세를 계산해 납부해야 한다. 2020년 5월에 2019년 소득을 신고하게 되는 거다. 지난해 벌어들인 돈에서 각종 비용 및 공제액을 뺀 뒤, 그 액수(과세표준)에 세율을 곱하면 된다. '각종 비용'에 관해서는 뒤에서 조금 더 자세히 다루어보겠다. 세율은 소득이 많을수록 높아지는 누진세 구조를 띠고 있다.

일정 금액 이상의 사업소득이 있을 경우, 1년에 두 차례 세금을 나눠서 내게 될 수도 있다. 11월에 중간예납 고지서가 날아온다. 이때는 중간예납기준액(직전년도 납부한 소득세)의 절반을 11월 말까지 납부한 뒤, 다음해 5월에 최종 소득세 정산을 하면 된다.

종합소득세 신고는 가까운 세무서를 찾아가거나 홈택스를 통해 집에서 할 수 있다. 신용카드 영수증이나 현금영수증, 인건비 신고(원천신고) 내역, 부가세 신고서, 이자 납부를 증빙할 수 있는 대출거래 내역, 기부금 영수증 등을 빠뜨리지 말고 모아두는 습관을 가져야 한다. 홈택스를 통해서도 확인할 수 있다. 다음은 종합소득세 과세표준과 세율을 정리한 것이다.

과세표준	소득세율	누진 공제액	계산법
1,200만 원 이하	6%	0원	과세표준 금액 × 6%
1,200만 원 초과 ~ 4,600만 원 이하	15%	108만 원	과세표준 금액 × 15% − 108만 원
4,600만 원 초과 ~ 8,800만 원 이하	24%	522만 원	과세표준 금액 × 24% − 522만 원
8,800만 원 초과 ~ 1억 5,000만 원 이하	35%	1,490만 원	과세표준 금액 × 35% − 1,490만 원
1억 5,000만 원 초과 ~ 3억 원 이하	38%	1,940만 원	과세표준 금액 × 38% − 1,940만 원
3억 원 초과 ~ 5억 원 이하	40%	2,540만 원	과세표준 금액 × 40% − 2,540만 원
5억 원 초과	42%	3,540만 원	과세표준 금액 × 42% − 3,540만 원

월급을 받아서 생활하던 때와 달리 창업 후에는 소득이 발생하는 시점과 세금을 내는 시점 사이에 틈이 생긴다. 월급 통장에 들어오는 돈은 오롯이 내 것이지만, 사업자의 매출 통장에 들어오는 돈에는 내년 5월에 국가에 내야 할 세금이 포함돼 있다는 뜻이다. 감안하지 않고 사업하다가는 이듬해 봄, 목돈을 마련하느라 진땀을 흘리게 된다.

부가가치세 면세사업자인지
확인하라

다음으로 사업자는 부가가치세를 납부할 의무가 있다. 부가가치세란 모든 재화 또는 용역의 소비 행위에 부과되는 일반 소비세다. VAT라는 영어 약자로 표시되는 경우가 많다. 우리는 물건을 살 때마다 부가세 10%를 내게 된다. 물건을 사고 11,000원을 지불했다면 1만 원의 물건 값에 1,000원에 부가세를 낸 셈이다. 부가세는 최종 소비자가 부담한다. 사업자가 부가세를 대신 받아두었다가 낸다는 개념이다.

구체적으로 말하면 매출 발생 시 소비자가 부담하는 부가세를 대신 받아뒀다가, 1년에 두 차례(1, 7월) 그 돈을 모아서 내는 것이다. 그런데 사업자가 부가세를 부담하는 경우, 즉 사업에 필요해서 부가세가 포함된 물품을 구입하거나 서비스를 이용하는 일도 있을 것이다. 부가세는 최종 소비자가 부담하는 것이므로, 부가세 납부 시 사업자가 부담한 이 부가세(매입 세액)는 공제받아야 한다. 그렇지 않다면 국가가 부가세를 이중으로 걷어가는 결과를 낳기 때문이다. 부가가치세 계산법은 다음과 같다.

부가세 납부세액=(매출액×10%)-(매입액×10%)=(매출액-매입액)×10%

주의할 점은 부가세를 정산할 때 매입 세액을 증빙하기 위한 근거 (카드영수증, 세금계산서 등)를 사업자가 챙겨두고 있어야 한다. 상가 임차료에도 부가세가 포함돼 있다. 그런데 만약 매입세액이 매출세액보다 크다면, 즉 사업에서 손실을 봤다면 부가세 납부세액이 마이너스가 된다. 이 경우 마이너스 부분만큼 부가세를 환급받을 수 있다. 법인사업자의 경우 종합소득세 대신 법인세를 납부하게 된다. 보통 매년 3월에 법인세를 신고한다. 앞서 얘기했듯 법인사업자는 세율 면에서 유리할 뿐 아니라 각종 공제의 범위도 넓다.

부가세도 홈택스를 통해 간단히 납부할 수 있다. 공인인증을 마치면 사업자 이름으로 책정된 부가세 납부 금액이 자동으로 계산돼 나온다. 평소 세금계산서 주고받는 것을 빠뜨리지 않았다면, 따로 챙겨야 할 서류는 없다.

사업하다 보면 현금으로 결제된 매출의 부가세를 누락하고 싶은 욕심이 생길 수도 있다. 현금을 지불하면서 할인을 요구하는 고객도 있다. 하지만 이는 엄연한 불법 행위이고, 적발될 경우 큰 불이익을 받게 된다. 이런 행위를 신고하면 포상금을 지급하는 '세파라치' 제도도 시행 중이다. 비양심적 세금 탈루보다 정당한 절세 전략을 세우는 것이 장기적인 관점에서 이익이다.

개인사업자 vs 법인사업자,
더 유리한 쪽은?

◆

    창업 전, 사업 아이템을 정하고 고객이 될 만한 대상을 만나 시장성이 있는지 확인하는 과정을 거쳤다. 마침내 창업에 필요한 각종 행정 절차를 밟기 시작한다. 자, 당신은 개인사업자로 창업할 것인가? 법인사업자로 창업할 것인가?

    다음 표는 개인사업자와 법인사업자 각각 창업에 필요한 절차다.

	개인사업자	법인사업자
설립 절차	관할관청에 인허가(인허가 필요한 사업의 경우)를 받고 세무서에 사업자등록증 신청	법원에 설립 등기. 세무서에 사업자등록증 신청 정관 작성. 법인 등기 비용 등 설립 비용 요소
자금 조달	개인 한 사람의 자본	주주를 통해 자금을 조달하므로 자금 조달이 용이함
이익 분배	사업에서 발생한 이익을 사용하는 데 제약 없음	법인과 주주는 별개이므로 배당 등의 형태로만 이익 분배
사업의 책임성	사업상 발생하는 모든 문제. 부채. 손실에 대해 사업주가 전적으로 책임	법인의 주주는 출자한 지분 한도 내에서만 책임을 짐. 개인 대비 대외적으로 신뢰도가 높음
지속성	대표자가 바뀌는 경우 폐업 후 다시 사업자등록	대표자가 변경되어도 법인은 존속
회계/세무	세무신고가 간단하다	복식 부가의무
기타	사업자의 변동 사항에 대해 세무서 등에 신고만으로 처리	법인 관련 변동 사항에 대해 등기 필요

개인사업자는 설립 절차도 쉽고 사업에서 발생한 이익을 사용하는 데 제약이 없으며, 세무신고가 간단하다. 주소지 변경 등 각종 변경사항에 대해서도 세무서 신고만으로 처리할 수 있다. 반면 법인사업자는 정관 작성, 법인 등기 등 설립 절차가 좀 더 복잡하고, 법인의 이익을 가져가려면 배당이라는 절차를 거쳐야 한다. 일반인에게는 생소한 복식부기라는 회계를 따라야 하고, 주소지 변경을 하려면 등기도 필요하다. 특히 주의할 점은 법인 자금을 대표자 마음대로 인출

하거나 사용할 수 없다는 것이다.

개인의 자금만으로 창업했다 하더라도 법인 자금을 인출하려면 적
법한 규정에 따라야 한다. 제대로 처리하지 못하면 가지급금으로 인
정돼 세제상 불이익을 받는다. 가지급금은 기업의 자금을 대표이사
에게 빌려준 것으로 보기 때문에 이자를 계산해서 회사가 받아야 한
다. 정리해보면 개인사업자를 선택하는 경우의 장점은 3가지다.

· 설립 절차가 쉽고 빠르다.
· 회사의 자금 인출이 자유롭다.
· 회계, 세무 등이 간편하고 비용이 적게 든다.

회사를 간편하게 설립하고, 회사의 자금을 자유롭게 인출하고자
하는 경우 개인사업자를 선택하면 된다. 대부분의 자영업은 개인사
업자로 시작한다. 법인사업자를 선택하는 경우의 장점도 크게 3가지
로 정리된다.

· 다수의 출자자로부터 자금 조달이 가능하다.
· 사업의 위험에 대한 노출을 제한할 수 있다. 대부분 법인은 유한
  책임회사의 형태로 설립되고, 이 경우 법인의 채무에 대한 책임
  은 본인이 출자한 자본금으로 제한된다. 법인의 채무가 있다고

하더라도 대표나 주주가 채무를 떠안지 않는다.

· 세율이 유리하다. 개인사업자의 경우 소득이 모두 합산되고, 종합소득세 최고 세율이 42%인 반면 법인세의 최고세율은 25%이다(2019년 기준).

창업을 계획 중인 청년 창업자들의 경우 다수의 공동 창업자가 있거나 설립 후 액셀러레이터나 벤처캐피털의 지분 투자를 염두에 두고 있다면 법인사업자를 선택한다. 1인 창업이고 당분간 지분 투자를 염두에 두고 있지 않더라도 금융권을 통해 자금을 조달할 필요가 있고 위험이 큰 사업이라면 법인 형태를 통해 책임을 제한하는 것이 현명하다.

세율의 차이도 중요한 고려 사항이다. 통상 매출액이 1억 원 이상인 경우 법인이 유리하다고 본다. 법인사업자는 개인사업자보다 공적인 책임이 더 크다. 그래서 세금 부담이 크더라도 법인 전환을 하지 않고 개인사업자로 유지하는 경우도 있다. 세금 절감으로 얻는 이익보다 세무, 회계 등에 들어가는 시간을 절약하는 것이 더 낫다고 판단해서다.

개인에서 법인으로 전환하려면?

공동 창업자 없이 혼자 창업했다면, 그리고 당분간 투자보다는 서비스 개발에 집중할 예정이라면 개인사업자로 창업해도 된다. 실제로 많은 스타트업이 개인사업자로 시작한다.

하지만 사업하다 보면 법인사업자로 변경할지 고려할 때가 온다. 매출이 올라 절세를 고민할 시점이 됐을 때, 세금 혜택이 아니더라도 제3자에게서 투자받거나 공동 창업자를 영입하려면 법인 전환이 필요하다. 또한 대외적으로 공신력이 필요한 사업이거나 추가로 투자자를 모집하는 경우, 사업 구조상 직원 스톡옵션이 필요할 때도 법인 전환이 필요하다. 법인 전환에 필요한 절차는 다음과 같다.

법인 전환의 방법	
현물 출자에 의한 법인 전환	· 개인 기업의 사업용 자산을 현물 출자하여 법인을 설립함으로써 법인을 전환하는 방법(법인을 신설하면서 설립 시의 출자 형태를 현물로 하는 방법)
사업양수도에 의한 법인 전환	· 개인 기업주가 법인을 설립한 후 동 법인이 개인기업 사업을 양수함으로써 법인 전환을 하는 방법 · 법인을 설립하면서 설립 시의 출자 형태를 현금으로 하는 방법 · 조세 지원을 받지 않는 방법과 조세 지원을 받는 방법이 있음
중소기업통합에 의한 법인 전환	· 개인기업인 중소기업 간 또는 개인기업과 법인기업 간의 통합을 통해 법인 전환을 하는 방법

먼저 현물 출자에 의한 법인 전환의 경우, 사업용 자산과 부채의 액수를 감정하기 위해 절차가 복잡해지므로 현금 출자 방식보다 비용과 시일이 오래 걸린다. 사업양수도에 의한 법인 전환은 우선 법인을 현금 출자 방식으로 설립한 후에 개인기업의 사업용 자산과 부채를 인수하는 방식도 있다.

중소기업 통합에 의한 법인 전환은 개인 기업과 개인 기업, 개인 기업과 법인 기업 간 통합을 통해 법인으로 전환하는 방법이다. 개인 기업과 개인 기업이라면 현물 출자 방식으로 통합하는 것이고 개인 기업과 법인 기업이라면 개인 기업이 법인 기업에 흡수 통합되는 방식이다.

이 중 사업양수도에 의한 법인 전환이 비교적 절차가 단순하고 비용이 적게 들어 대부분 이 방법을 선택한다. 한 가지 고려할 점은 사업양수도 방식에 의한 법인 전환에도 조세 지원을 받는 경우와 그렇지 않은 경우가 있다는 것이다. 조세 지원에 관하여는 뒤에서 더 알아보기로 하자.

혼자서
결산하기

✦

　개인사업자로 사업을 시작하기 위해서는 국세청 홈택스에서 사업자로 신청해야 한다. 사업을 시작한 날로부터 20일 이내에 사업자등록이 필요하다. 홈택스 초기 화면에서 '사업자등록'을 클릭한 뒤 입력사항을 기재하고, 서류 등을 제출하면 된다.

　여기서 놓치지 말아야 할 것이 바로 '세금'이다. 시작하려는 사업업종이 부가가치세가 과세되는 사업인지 농수산물이나 학원처럼 면세되는 사업인지 확인한다. 사업자등록 신청 전에 과세인지 면세인지 미리 확인해보자.

조세 지원,
어떤 혜택이 있을까?

조세 지원 혜택은 개인사업주가 소유하고 있는 자산이 있고 그 자산을 1년 이상 사업용으로 사용한 경우에 해당된다. 예를 들어 개인사업주가 자동차를 법인에 양도하는 경우 원칙적으로 개인사업자가 양도소득세를 계산하여 납부해야 한다. 그러나 조세특례 요건을 충족시키는 경우 양도소득세 이월과세를 적용받을 수 있다. 양도소득세가 완전히 감면되는 것이 아니라 개인사업주가 내야 할 양도소득세액을 뒤로 미루어 나중에 법인이 그 자동차를 양도하는 시점에 법인세로 납부하는 것이다.

만일 토지·건물 등 부동산과 차량 등의 자산을 법인에 양도한다면 조세 지원 혜택을 받는 사업양수도 방식을 선택하는 것이 좋다. 조세특례 조건은 까다롭지 않아서 개인사업주가 1년 이상 사업을 영위하고 법인으로 전환하는 경우 대개 해당된다. 하지만 자산이 없다면 일반양수도 방식으로 법인 전환을 하는 것이 좋다. 청년 창업자는 대부분 이 방식을 선택한다. 일반사업양수도에 의한 법인 전환의 경우, 우선 법인을 설립하고 개인사업자와 법인 간의 영업 양수도 계약을 체결한 후 개인사업자 폐업 신고, 재산 이전 순서로 진행된다.

작은 사업이라도
잊지 말아야 할 세금!

개인사업자는 부가가치세법상 일반과세자와 간이과세자로 구분되는데, 보통 매출 규모로 따진다. 이것도 어떻게 등록할지 꼼꼼히 잘 따져야 한다. 그렇지 않으면 내지 않아도 될 세금을 낼 가능성이 있다. 업종에 따라 세금 부과가 천차만별이니 잘 따져보자. 세금과 관련된 자세한 내용은 다음 장에서 살펴볼 예정이다. 이밖에 세금과 관련된 자세한 내용은 국세청 상담센터에 전화하면 알 수 있다(국번 없이 126).

만약 사업자등록은 했으나 아직 영업을 시작하지 않았거나, 영업은 시작했지만 아직 매출이 발생하지 않은 경우도 있을 것이다. 이럴 때도 세금을 신고해야 할까? 결론부터 말하면 종합소득세 신고는 하지 않아도 된다.

소득세는 소득(사업으로 인한 이익)이 있다는 전제 하에 부과하는 세금이다. 반면 부가세 신고는 해야 한다. 부가세는 소득과 상관없는 간접세이기 때문이다. 만약 매출액 또는 매입액이 전혀 없다면, 즉 납부하거나 환급받을 부가세가 없다면 '무실적 신고'를 하면 된다. 홈택스에 접속해 클릭 몇 번으로 간단히 끝낼 수 있다. 소득세의 과세표준이 매출액에서 각종 비용과 공제액을 제외한 소득(세율 6~42%)인 것과 달리, 부가세의 과세표준은 매출액 또는 매입액(일률적으로 10%)이다.

부가가치세 면세사업자의 경우 부가가치세 신고를 하지 않는다. 병원이나 의원, 연예인, 학원, 도서 및 신문 등의 언론매체, 종교나 자선단체, 농축산물 판매업, 금융이나 보험 용역 등은 부가가치세 납세 의무가 면제된다. 부가가치세 납세 의무는 있으나 세율을 0%로 하여 실제로 부가가치세를 납부하지 않는 경우도 있다. 수출 사업이 이에 해당된다.

부가가치세 면세사업자는 부가세 신고를 하지 않는 대신 면세사업자 사업장 현황 신고를 해야 한다. 사업장 현황 신고서, 매입/매출처별 계산서 합계표, 매입처별 계산서 합계표, 해당 업종 수입 금액 검토표 및 검토부표 등의 서류를 준비해서 신고하면 된다. 매출이 없어도 사업장 현황 신고는 해야 한다. 실적이 없는 경우 스마트폰 '홈택스' 앱에서 비교적 간단하게 신고할 수 있다. 실적이 있다면 세무서를 직접 방문하거나 PC에서 신고해야 한다. 일반적으로 사업장 현황 신고는 매년 2월 10일까지다. 다음은 개인사업자가 챙겨야 할 세무 달력이다.

1월	**25일** : 전년도 2기 부가가치세 확정 신고. 납부
4월	**25일** : 1기 부가가치세 예정 고지 납부(전년도 2기 납부액의 50%)
5월	**31일** : 전년도 사업실적에 대한 종합소득세 신고. 납부
6월	원천세 반기별 납부 신청 (30일 : 성실신고 확인 대상자 종합소득세 신고. 납부)
7월	**25일** : 1기 부가가치세 확정 신고. 납부
10월	**25일** : 2기 부가가치세 예정 고지 납부(1기 납부액의 50%)
11월	**30일** : 종합소득세 중간 예납(직전년 납부세액의 50% / 30만 원 미만인 경우 제외)
12월	원천세 반기별 납부 신청

종합소득세와 부가가치세 외에도 경우에 따라 내야 하는 세금이 있다. '등록면허세'다. 등록면허세는 '재산권과 그 밖의 권리 설정·변경 또는 소멸에 관한 사항을 공부에 등기하거나 등록하는 자에게 과세하는 지방세'를 말한다. 부동산, 선박, 차량, 기계장비뿐만 아니라 상호, 어업권, 광업권, 저작권, 출판권, 특허권, 상표나 서비스표 등 등을 등록하면 내야 하는 세금이다.

납부 방법은 ARS, 신용카드, 인터넷, 가상계좌, 직접 납부 등이 있다. 은행이나 우체국 등에 납부하면 되는데 세액은 1만 8,000~6만 7,500원 사이다. 1월은 등록면허세 납부의 달이다. 1월 1일 면허를 갱신한 것으로 판단해 과세하기 때문이다. 2019년 12월에 개업해 신규 등록면허세를 냈다고 할지라도 2020년 1월에 다시 내야 한다.

절세하려면 이렇게!

세금의 기본 공식은 매출에서 인건비와 비용을 뺀 소득에 세율을 곱하는 것이다. 매출과 인건비는 사업자 뜻대로 되는 것이 아니다. 그러나 세금 계산 시 인정받는 비용만큼은 사업자가 얼마나 꼼꼼한 지에 따라 달라진다. 월급쟁이들이 부지런히 챙길수록 소득공제를 많이 받는 것과 마찬가지다.

비용으로 인정받을 수 있느냐, 없느냐를 가르는 관건은 '사업 관련성'이다. 재료 구입비나 인건비, 임차료처럼 누가 봐도 명백한 필요 경비를 제외하면, 사업 과정의 많은 지출은 사업과 관련성이 있다고 볼 수도 있고 없다고 판단될 수도 있다. 따라서 같은 돈을 쓰더라도 사업 관련성을 인정받는 방식으로 써야 한다.

예컨대 식당에서 밥을 먹고, 마트에서 비품을 산 경우, 세무서는 이런 지출을 사업과 관련 없는 개인적 지출(가사 관련 경비)로 판단할 가능성이 크다. 비용으로 인정해주지 않는다는 뜻이다. 하지만 식당이 집이 아니라 사업장 근처에 있고, 마트를 이용한 시간이 업무 시간이라면 얘기가 달라진다. 워터파크에 다녀오더라도 증빙을 어떻게 하느냐에 따라서 그것이 가족 나들이가 될 수도 있고, 직원 워크숍이 될 수도 있다.

개인 차량에 넣는 기름 값, 사장님의 보험료, 은행 대출을 받은 뒤

내는 이자, 건당 20만 원 이하 경조사비 등도 사업 관련성만 증명할 수 있다면 모두 비용 처리된다. 중요한 것은 그 입증 책임이 사업자에게 있다는 것이다. 지출할 때마다 나중에 낼 세금을 항상 염두에 두고 있어야 한다. 부고장, 청첩장이라도 챙겨둬야 한다.

비영리법인이나 농어민과 거래하는 경우, 또는 사업장의 임대인이 간이과세자인 경우처럼 증빙 자료를 얻기가 힘든 경우도 있다. 이럴 때는 계좌이체 내역, 상대방의 주민등록번호, 임대차 계약서라도 확보해뒀다가 신고해야 한다. 법인사업자는 비용 인정의 범위가 개인사업자보다 넓다.

연말정산, 사장님도 가능할까?

연말정산 혜택은 직장인만 받는 것으로 알고 있는 경우가 많다. 하지만 소규모로 사업하는 자영업자를 위한 공제 제도도 마련돼 있다. 잘 만 이용하면 절세 효과가 쏠쏠하다.

노란우산 공제는 개인사업자가 폐업, 질병, 노령 등으로 힘들어질 경우를 대비한 공적공제제도다. 중소기업중앙회가 운영한다. 납입금 (월 100만 원 한도)에 대해 소득공제 혜택을 주는데, 소득이 적을수록 공제액이 크도록 설계돼 있다. 사업소득금액이 4,000만 원 이하일 경우 연 500만 원, 4,000만 원 초과 1억 원 이하일 경우 연 300만 원, 1억 원 초과일 경우 연 200만 원 한도로 소득공제를 받을 수 있다. 납입금에 대한 이자는 복리로 붙는다. 60세 이상이 되면 일시금이나 분할금 형태로 돌려받을 수 있다. 다만 중도에 해지하면 소득공제 받은 부분을 다시 내야 한다.

가입자격은 사업체가 소기업, 소상공인 범위(업종별로 연 매출 10억 ~120억 원 이하. 주점, 무도업 등 제외)에 해당하면 된다. 여러 사업체를 가진 사장님의 경우 1개의 사업체를 선택해 가입해야 한다. 등록된 사업자가 아니더라도 사업사실이 확인되는 인적용역 제공업자도 가입할 수 있다. 인터넷 홈페이지8899.or.kr를 통하면 된다.

세액공제를 받을 수 있는 개인형 퇴직연금IRP 상품도 있다. 본래 직장인의 이직이나 조기 퇴직에 대비하기 위한 금융상품이었지만, 2017년부터 자영업자도 가입할 수 있게 됐다. IRP에 가입하면 연금저축과 합산해 연간 700만 원까지 세액공제 혜택을 준다. 1년에 1,800만 원까지 납부할 수 있다. IRP의 운영 주체는 각 금융기관이기 때문에 수수료가 있다. 연 0.3% 정도 된다. 노란우산공제와 마찬가지로 중도 해지 시 불이익이 있다.

5장

방과 후 수업 :

은퇴 후의 빛나는
나를 위해
미리 준비하는 돈 공부

20대와 30대 은퇴준비,
어떻게 달라야 할까?

✦

누구나 한번쯤 행복한 은퇴를 상상해 본 적이 있을 것이다. 아무것도 안하고, 자고 싶을 때 자고 쉬고 싶을 때 쉬고 싶다는 생각이 문득 들 때도 있지만 그보다 내가 해야 하는 일이 아니라, 하고 싶은 일을 할 수 있는 자유를 얻기 위해 우리는 은퇴를 생각한다. 과거에는 노후의 은퇴만 생각했지만 지금은 막 직장생활을 시작한 2~30대에도 직장을 그만두고 프리랜서나 노마드의 삶을 꿈꾸는 사람들이 늘어나면서 은퇴에 관심을 갖는 사람들이 많다.

성공적 은퇴 준비 = 오늘을 파악하기 + 내일을 준비하기

바람직한 은퇴 준비의 목표는 은퇴 전의 생활 수준을 안정적으로 유지할 수 있는 지속적인 소득 흐름을 만드는 것이다. 이를 위해서는 유동성, 수익성, 안정성을 고려한 금융 포트폴리오를 구축해야 하는데, 그보다 선행되어야 할 것은 나의 재무 현황 및 라이프스타일을 제대로 파악하는 일이다. 즉, 성공적 은퇴 준비는 나의 현재를 충분히 이해하고 미래를 준비하는 과정이다. 크고 작은 예상 지출에 한 발짝 앞서 대비하고, 리스크를 분산해 투자하며 외부적 타격에 나의 라이프스타일이 흔들리지 않도록 하는 것이 바람직한 은퇴 준비의 모습일 것이다.

나의 은퇴준비지수는?

우선 자신의 현재 상태가 어떤지 진단해보고 객관적으로 상황을 파악해 보도록 하자. '국민연금공단 노후준비 서비스'를 통해 현재 자신의 상태를 종합적으로 진단해볼 수 있다. 금융상태뿐 아니라 사회적 관계, 건강, 여가활동, 소득과 자산 등 총 4개 카테고리로 나누어서 포괄적인 정보를 입력한다. 진단 후 어떤 문제점이 있는지 어떤 방법으로 해결해야 할지 방향을 간단하게 제시해 준다.

진단을 통해 자신의 현황을 한번 체크해 보고, 연령대별로 어떤 점에 특히 주의를 기울여야 할지 생각해 보자. 해당 연령의 다섯 개의 질문에 YES/NO로 응답해보자. 미처 생각지 못했던 부분이 있다면 이를 보완해 가는 방향으로 노후 준비를 실천해야 할 것이다.

빛나는 첫 단추,
20대의 은퇴준비

20대는 평생 가는 재무 습관이 형성되는 시기다. 당장 대단한 목돈을 만들겠다는 마음보다는, 장기적 시각에서 균형 잡힌 재무 포트폴리오를 구축해가는 연습에 집중하는 것이 바람직하다. 훌륭한 첫 단추가 큰 차이를 만들 수 있다는 걸 잊지 말자.

① 선 저축, 후 소비를 실천하고 있는가?

쓸 땐 쓸 줄 아는 과감함이 미덕인 시대이지만 저축이 먼저인 것은 변함이 없다. 예금이나 펀드형 상품에 월급 일부를 자동 이체해 재산 형성의 성공적인 첫 단추를 끼울 수 있다.

② 지속적으로 자기 계발에 투자하고 있는가?

성장하며 즐기는 일에 수입의 일정 비율을 꾸준히 투자해야 한다. 퇴직 후 늘어난 여가 시간을 자유자재로 관리하는 방식을 터득하고, 업무 외의 삶에서 새로운 커리어의 기회를 찾을 수도 있다.

③ 새로운 도전을 위한 단기 목돈 마련을 계획했는가?

큰 목돈 없이 재무 관리를 시작하는 사회초년생의 특성상 재산의 바탕을 구축하는 일이 매우 중요하다. 예/적금은 온라인 창업 등 또다른 커리어에 도전할 수 있는 용기가 되어 주기도 한다.

④ 장기 노후 자금 준비 상품에 가입했는가?

20대의 노후 자금 준비는 하루라도 일찍 시작해 가입 기간을 늘리는 것이 관건이다. 큰 액수가 아니라도 노후를 위한 보장 자산에 투자를 시작하는 것이 좋다.

⑤ 유동, 안전, 보장, 투자 자산에 고루 투자하는 포트폴리오를 계획하고 있는가?

수입이 많지 않은 20대의 경우 유동성, 안정성, 수익성 모두를 고려한 포트폴리오를 구성할 여유가 없을 수 있다. 하지만 1)당장의 지출에 활용할 수 있는 유동 자산, 2)안전하게 목돈을 굴리는 안전 자산, 3)리스크를 감수함으로써 수익을 내는 투자 자산, 그리고 4)노후를 대비하는 보장 자산의 특성을 이해하는 것부터 출발해야 한다. 이러한 이해를 바탕으로 차근차근 균형 잡힌 포트폴리오를 구성할 계획을 설정하는 것이 좋다.

본격적인 기반 다지기,
30대의 은퇴준비

30대는 20대에 경험한 것을 바탕으로 나만의 삶의 방식을 찾는 시기다. 내가 꿈꾸는 삶에 대한 확신이 생겼다면 이에 걸맞은 계획과 실천이 이루어져야 한다. 시작 그 자체로 의미 있었던 20대와 달리, 30대는 좀 더 냉철하게 금융 상품을 살피고 본격적으로 금융 포트폴리오를 구성해야 한다.

① '워라밸'을 관리하고 있는가?

은퇴 후 손에 쥐는 돈보다 중요한 것은 은퇴 후의 삶 그 자체다. 성실한 재무 관리로 안정적 노후의 바탕을 다지는 것도 중요하지만, 업무 외에 삶을 윤택하게 하는 다양한 방식을 경험하고 스스로의 '워라밸'을 찾아가는 것이 매우 중요하다.

② 결혼/비혼 계획에 대비하고 있는가?

'결혼은 선택'이 된 오늘날, 결혼/비혼 계획에 따라 노후 준비도 달라져야 한다. 특히 비혼족의 경우 주택 청약에서 상대적으로 혜택을 누리기 어렵기 때문에, 스스로의 힘으로 주택 마련을 할 준비와 고정적인 월세 지출을 최소화할 수 있는 방안을 고민할 필요가 있다.

③ 지출 규모를 파악하고 있는가?

반드시 지출해야 하는 필수 지출 항목과 임의로 지출하는 항목을 철저히 구분해 파악하는 것은 매우 중요하다. 충동구매를 아우르는 임의 지출 항목은 월간, 연간 한도를 설정해 그 한도를 넘지 않도록 관리해야 한다. 지금의 소득이 영영 유지되지 않을 것임을 기억하는 것이 포인트다.

④ 노후를 위한 연금 보험 및 보장성 보험을 까다롭게 선택했는가?

20대 때는 가입 자체만으로도 의미 있었던 보장자산 투자이지만, 30대는 좀더 깐깐해질 필요가 있다. 연금보험의 비과세 해택, 건강보험의 질병 보장 영역을 확인해 상품을 선택해야 한다.

⑤ 유동성, 수익성과 안정성을 고려한 포트폴리오를 구성하고 있는가?

유동성, 수익성, 안정성을 모두 고려한 포트폴리오를 구성하기 위해서는 유동자산, 안전자산, 투자자산, 보장자산에 균형있게 투자하는 포트폴리오를 마련하는 것이 핵심이다.

- 유동자산 : 수시로 입출금이 가능한 계좌로 유동성을 확보하자.
- 안전자산 : 수익성이 낮지만 안전한 예/적금에 일정 금액을 납입하자.

· 투자자산 : 안정성이 낮지만 수익성이 기대되는 국내/해외 펀드
  에 투자하자.

· 보장자산 : 노후를 위한 안정적 연금/보험에 지속적으로 투자하자.

기본에 충실하기,
4~50대의 은퇴준비

　2~30대부터 꼼꼼하게 노후를 준비하지 못한 4~50대는 조급한 마음을 가지기 쉽다. 하지만 급할수록 차분하게, 기본에 충실한 노후 준비를 실천해야 한다. 따라서 큼직한 채무와 지출을 우선적으로 해결한 후에 투자를 고민하는 것 좋다. 구체적 사전 조사 없이 덜컥 리스크가 큰 상품에 가입하거나, 목돈을 올인해 투자하는 실수를 범하지 않도록 주의하여야 한다.

① 자신의 재무구조 현황을 제대로 파악하고 있는가?

　투자보다 앞서야 할 것은 스스로의 재무구조 현황에 대한 파악하는 것이다. 내가 가진 보장 자산과 부채를 파악해야 자신의 약점을 바탕으로 투자 계획을 짤 수 있다. 예를 들어 언제부터 어떤 연금을 얼마 수령할 수 있는지를 확인하고, 나의 예상 은퇴 시점과의 갭을

따져보는 것이 좋다.

② 두번째 직업을 준비하고 있는가?

이른 퇴직이 일반적인 요즘, 누구든 두번째 커리어를 고민하고 준비할 필요가 있다. 소소한 부업이라도 지속적 수입을 창출할 수만 있다면 노후에 큰 힘이 된다. 은퇴 후 생활비를 은퇴 전의 70% 정도로 설정하고, 연금 소득이 채워주지 못하는 부분을 제 2의 직업으로 감당할 수 있다면 안정적인 노후를 보낼 수 있을 것이다.

③ 선 상환 후 투자를 실천하고 있는가?

대출금은 그 자체로 리스크를 내포한다. 얼마든지 금리가 인상되거나 대출 기간을 연장하지 못할 수 있기 때문이다. 이러한 뜻밖의 위험에 대비하기 위해서는 대출금을 우선적으로 상환하려는 노력이 필요하다.

④ 퇴직금 등 비정기적 목돈을 유지하고 있는가?

이직으로 얻은 퇴직금은 퇴직연금 계좌로 관리해 노후 대비에 활용하고, 비정기적 수입은 바로 바로 안전자산 혹은 투자자산에 투자해야 한다. 뜻밖의 수입을 관리하는 능력이 은퇴 후 삶에 윤택함을 더해줄 것이다.

⑤ 손실 위험을 분산하는 포트폴리오를 구성했는가?

· 유동자산 : 급한 지출에 대비할 수 있는 CMA 계좌를 확보하자.

· 안전자산 : 지출 타임라인을 미리 예상해보고 이에 맞는 기간의 예/적금 상품에 가입하자.

· 투자자산 : 안정성과 수익성 한쪽에만 치우치지 않도록 국내외를 아우르는 다양한 투자처에 투자하자.

· 보장자산 : 스스로의 건강 상태를 고려해 보험 상품의 유형과 특약을 선택해 투자하자.

체크리스트 진단하기

자신의 나이대에 해당하는 질문에 대한 YES 응답의 개수로 현재 노후 준비 상태를 간단히 진단해보자

• 5개 : 완벽한 노후 준비를 실천하고 계신 당신, 빛나는 노후가 기다린다.

• 3~4개 : 노후 준비 우등생인 당신, 부족한 부분을 조금만 보완하면 안정적 노후를 그려갈 수 있다.

• 0~2개 : 노후 준비가 익숙하지 않은 당신, 하지만 걱정하지 말자. 미처 몰랐던 나의 약점을 파악했으니 무엇을 변화시켜야 할지 알 것이다.

은퇴 후 안전한 노후를 위한
자격증 준비

✦

월급생활자라면 노후에 대한 걱정은 누구나 같을 것이다. 걱정만 한다고 달라지는 것은 없다. 노후 생활비를 위해 열심히 재테크를 하든 퇴직 후를 위한 자격증을 취득하든 무엇이든 시작해야한다.

고령화사회, 사회적 흐름에 맞는 자격증

사회복지사

사회복지사는 고령화 및 저출산으로 인해 주목받고 있는 자격증 중 하나다. 노인 및 장애인 복지시설, 여성 아동 청소년 사회복지기관, 군대 내부의 사회복지시설 등 관련 분야로 취업 가능하다. 복지 증대에 대한 사회적 합의가 있으며, 복지시설내 사회복지사 채용이 의무화되어 매년 채용이 증가되는 추세이기 때문이다.

사회복지사자격증은 국가 시험없이 온라인수업과 실습만으로 획득이 가능해 많은 사람들이 도전하고 있다. 고등학교 졸업 이상이면 시험을 치를 수 있으며, 온라인 26과목, 실습 1과목(실습 120시간)을 이수하면 된다. 대학 졸업 이상의 경우 실습 과목은 이와 동일하나 과목은 이에 절반인 13과목이다. 대학을 중퇴한 경우엔 보유학점이 필요하며 온라인 14과목, 실습 1과목(실습시간 120시간)을 이수하면 된다. 사회복지사 2급 운영 과목으로는 사회복지개론, 사회복지법제 등 전공필수 10과목이 있으며, 전공선택은 9과목 중 4과목을 선택할 수 있다.

에듀윌, 박문각 등에서 진행하는 학점은행제를 통해 사회복지사 자격증을 취득할 수 있다. 요즘 굉장히 많은 학점은행제가 있으므로 본인에게 맞는 학점은행제를 선택하면 된다. 학점은행제 선택 시엔 '교육부인증' 여부를 확인해야 한다.

요양보호사

요양보호사는 사회복지사와 마찬가지로 꾸준히 수요가 증가하고 있는 분야다. 노인성 질환으로 독립적인 일상생활을 수행하기 어려운 노인들을 위해 노인 요양 및 재가 시설에서 신체 및 가사 지원 서비스를 제공하는 역할을 한다. 노인주거복지시설(양로시설, 노인공동생활가정), 노인의료복지시설(요양시설, 노인요양공동생활가정), 재가노인복지시설 등에 배치되어 활동하게 된다. 노인복지법은 노인복지시설의 운영자는 보건복지부령에 따라 일정한 수의 요양보호사를 두어야 한다고 규정하고 있다.

100세시대지만 40대만 되어도 퇴직하게 되는 경우가 많아 재취업을 희망하는 청년층 및 경력이 단절된 중장년층이 이 자격증을 취득하곤 한다. 요양보호사는 학력 제한 없이 지정된 교육기관에서 소정의 교육과정을 이수하면 자격시험에 응시 가능하다. 전국의 시/도지사로부터 지정 받은 요양보호사 교육기관에서 일정시간의 교육과정을 이수 받아야한다.

이론, 실기, 실습을 각 80시간씩 총 240시간을 이수한 후 시험을 보게 된다. 한편 간호사, 사회복지사, 간호조무사, 물리치료사, 작업치료사들이 본인의 커리어를 위해 요양보호사 자격증을 취득하는 경우도 있다. 요양보호사가 되기 위해서는 240시간의 교육과정을 이수하여야 하지만 간호사는 40시간, 사회복지사, 간호조무사, 물리치료사, 작업치료사는 50시간의 교육과정을 이수하면 취득 가능하다.

산후관리사

과거엔 가정 내에서 산후관리를 했지만, 요즘엔 핵가족화로 전문가의 도움을 필요로 한다. 조리원 퇴소 이후에 많은 산모들이 산후관리사의 도움을 필요로 하기 때문에 전문 인력의 수요가 많다. 산후관리사는 임신 기간 및 출산으로 변화된 산모의 신체 회복과 건강 유지를 담당하는 전문가다. 자격증을 취득하면 산후조리원 등으로 취업을 할 수도 있고, 가정 방문 산후관리사로 활동할 수도 있다.

취미생활로 자격증도?
좋아하는 일을 제2의 직업으로

최근 주 52시간 근무 시행으로 많은 직장인들이 퇴근 후 다양한 동호회 활동을 한다. 수제맥주 동호회, 와인 동호회, 커피 애호가 모임 등도 인기다. 평소 와인을 즐기시는 분이라면 '소믈리에'를, 커피를 즐기는 분이라면 '바리스타' 자격증에 관해 한번쯤 고민해보자.

소믈리에

소믈리에는 와인을 취급하는 호텔이나 레스토랑, 바, 와인 전문점에서 고객이 주문한 요리에 어울리는 와인을 추천하거나 고객의 취향을 파악해 고객이 원하는 와인을 감정하고 골라주는 일을 담당한다. 평소 취미생활로 다져둔 와인에 대한 지식이 풍부하다면 즐기듯 일할 수 있다. 숙성방법, 원산지, 수확연도 등 와인의 특징과 보관방법에 대해서도 숙지해야 하고 계속해서 변화하는 와인의 세계적 흐름 또한 파악해야 한다. 와인의 품목을 선정하고 이에 따른 와인 리스트를 작성하며 와인의 보관과 관리의 책임을 지는 것 역시 소믈리에의 역할이다. 소믈리에가 되기 위해서는 호텔이나 레스토랑 등에서 도제식으로 배우거나, 전문학원에서 교육과 훈련을 받는 경우가 있다. 소믈리에 자격증은 국가공인자격증은 아니고 민간자격증이다. 교육을 받은 후 한국소믈리에협회에서 주관하는 소믈리에 자격시험에 응시할 수 있다.

바리스타

커피를 좋아한다면 바리스타 자격증도 추천한다. 커피애호가가 늘어나는 만큼 바리스타 수요도 꾸준히 증가하고 있다.

(사)한국커피협회에서 시행하는 바리스타 자격시험은 2005년 시작된 이래, 15년간 쭉 취득자가 늘어나고 있다. 바리스타 자격시험은 2급과 1급으로 나뉘며, 2급 자격증 취득 후 1급 시험에 응시할 수 있다. 바리스타 2급 자격증은 커피관련 이론 및 기본 기술을 익히는 과정이며, 바리스타 1급 자격증은 카페 등 영업장에서의 서비스

능력향상, 에스프레소 머신에 대한 이해, 원두커피의 다양성 및 특징을 파악하는 등 보다 전문적인 지식과 기술을 갖출 수 있는 실무 중심적인 내용을 포함한다. 단순 취미라면 2급으로만도 충분하겠지만, 은퇴 후 제2의 직업으로 고려한다면 1급을 미리 취득해두는 게 좋다.

바리스타 자격증은 국비지원을 받아 취득할 수 있으니 이런 제도를 적극 이용한다면 더욱 좋다. 근로자 내일배움카드를 발급받은 후 직장인 국비지원 바리스타 과정을 들을 수 있다. 수업 기간도 짧은 편이고, 집중해서 이수하면 단기간에 취득할 수 있는 편이다. 퇴근 후 혹은 주말을 이용해 다녀야 하므로 국비 지원이 가능한 교육기관 중 가까운 곳을 선택할 것을 추천한다.

나만의 특기를 살린 자격증

진입장벽이 낮은 자격증은 취득이 쉽다는 장점이 있지만, 전문성 부분에서는 아쉬운 게 사실이다. 본인의 업무 특기를 살린 자격증을 취득한다면 희소성과 함께 더욱 큰 가치를 갖는다. IT 분야 종사자라면 정보시스템감리사를, 업무상 영어를 많이 사용한다면 번역자격증을 준비해보자.

정보시스템감리사

개인정보유출 등 온라인 상에서 일어나는 정보보안 관련 문제가 사회적 이슈로 떠오르면서 보안 전문가의 필요성 역시 높아지고 있다. 국내의 보안전문 자격증 중 하나인 정보시스템관리사는 소정의 자격요건을 갖춰야만 시험을 치를 수 있어 더욱 희소성이 있다.

정보시스템감리사는 국가공인민간 자격증으로, 자격증을 취득할 경우 각종 정보화사업의 감리 업무에 수석 감리원으로 종사할 수 있게 되며, 정보화 사업 품질 제고에 중추적 역할을 수행할 수 있다. 매회 자격 검정은 필기, 면접, 교육 등 3단계로 실시하며 필기 및 면접 전형을 통해 약 40명의 IT 전문가를 선발한다. 그 후 선발된 40인을 대상으로 정보시스템 감리 이론 및 실습 교육을 거쳐 최종 합격자가 선정된다.

필기시험은 감리 및 사업관리, 소프트웨어공학, 데이터베이스, 시스템구조, 보안 등 5과목으로 구성돼 있다. 응시 자격 및 시험 출제 분야 등 자세한 사항은 한국정보화진흥원 홈페이지에서 확인할 수 있다.

통번역자격증, 영어 구연동화 지도사

번역은 시간에 크게 구애받지 않고 프리랜서로 일할 수 있어 퇴직 후에 오랫동안 하기 좋다. 비즈니스 영어에 자신 있다면 ITT와 같은 시험을 추천한다.

ITT Interpretation& Translation Test는 외국어 듣기와 말하기 및 읽기와 쓰기 능력을 평가하는 통역 및 번역시험으로, 법무부에서 공식 인정하는 자격증이다. 1~3급 중에 선택해 시험을 치를 수 있으며, 시험 문제 및 합격 기준 등에 대해서는 ITT 시험 위원회 홈페이지에서 확인 가능하다. 번역은 한 번 자격을 취득했다고 해서 끝나는 것이 아니라 끊임없이 공부해야 하는 분야인 만큼 취득한 점수는 2년 간 유효하다.

비즈니스 영어보다는 본인의 영어실력을 방과 후 수업 등에 접목하고 싶다면 영어 구연 동화 지도사, 아동 영어 스토리텔링 지도사 등에 관심을 가져도 좋다. 민간 자격증이지만 공부방 등을 새롭게 시작할 때 자격증을 보유하면 신뢰감을 줄 수 있다.

떠오르는 인기 자격증

지게차자격증

한국산업인력공단이 2018년에 발간한 '국가기술자격 통계연보'에 따르면 2017년 가장 많이 취득한 자격증은 40대는 한식조리기능사

였고, 10대를 제외한 나머지 연령대에서는 지게차 운전 기능사가 가장 많았다. 지게차 운전 기능사의 경우 50~60대에 도전하는 경우도 많다는 점이 인상적이다.

지게차는 공장이나 건설현장에서 자재 등을 운반하는 기계로, 작업장치인 포크에 의해 경화물을 적재 운반한다. 건설 및 유통구조가 대형화되고 기계화되면서 각종 건설공사, 항만 또는 생산작업 현장에서 지게차 등 운반용 건설기계가 많이 사용되고 있다. 지게차 운전 기능사는 건설현장, 제조업, 물류창고나 항만, 생산작업 현장 등에서 지게차를 운전하여 원료, 자재, 생산품 등 경화물을 적재 및 운반하는 작업을 수행한다.

지게차 운전 기능사를 취득하려면 필기와 실기 시험을 봐야 한다. 필기시험은 건설기계기관, 전기, 섀시, 지게차작업장치, 유압일반, 건설기계관리법규 및 도로통행방법, 안전관리에 대해서 총 60문항을 객관식으로 보게 된다. 필기시험에 합격하면 필기시험 합격자 발표일로부터 2년간 필기시험에 면제된다. 필기 시험에 합격한 후 보게 되는 실기 시험에서는 지게차 운전 작업 및 도로주행을 테스트한다. 필기와 실기 100점을 만점으로 하여 60점 이상 득점하면 자격증을 취득할 수 있다.

한식조리기능사

평소 요리하기를 즐긴다면 한식조리기능사에 도전해보자. 한식조리기능사는 음식 재료를 씻고, 자르고, 익히고, 간을 맞추어 안전성과 영양 및 미각을 고려하여 음식을 만드는 업무를 수행한다. 여성인력개발센터 등에서 국비지원으로 수강할 수 있는 기회가 많다. 필기시험은 식품위생 및 관련 법규, 식품학, 조리이론과 급식관리, 공중보건에 대해 4지 택일형 객관식이며, 실기시험은 한식조리 작업이다. 100점 만점 중 60점 이상 득점하면 자격증을 취득할 수 있다.

검정형 시험방법 외에 과정평가형으로 취득하는 방법도 있다. 과정평가형 자격이란 국가직무능력표준NCS에 기반하여 일정 요건을 충족하는 교육 및 훈련 과정을 충실히 이수한 사람에게 내부/외부평가를 거쳐 일정 합격기준을 충족하는 사람에게 자격증을 부여하는 제도다. 한식조리기능사 자격의 검정방식은 검정형과 과정평가형이 병행하여 운영되고 있다.

향후 식당 개업을 고려해 미리 취득하는 경우가 많다. 전문외식업체, 식품가공업체 등으로 취업도 가능하다. 또한, 학교, 회사, 병원 등 집단급식소에서 조리사로 근무할 수 있다. 이 경우엔 '단체급식조리사' 자격증도 함께 취득해놓으면 좋다.

세컨드 라이프를 위한

창업, 퇴사 준비 돈 공부

2020년 11월 2일 초판 1쇄 발행

지은이 · 라이프 포트폴리오 | 기획 · 장혜성
펴낸이 · 김상현, 최세현 | 경영고문 · 박시형

책임편집 · 김명래 | 디자인 · 이정현
마케팅 · 양근모, 권금숙, 양봉호, 임지윤, 조히라, 유미정 | 디지털콘텐츠 · 김명래
경영지원 · 김현우, 문경국 | 해외기획 · 우정민, 배혜림 | 국내기획 · 박현조
펴낸곳 · (주)쌤앤파커스 | 출판신고 · 2006년 9월 25일 제406-2006-000210호
주소 · 서울시 마포구 월드컵북로 396 누리꿈스퀘어 비즈니스타워 18층
전화 · 02-6712-9800 | 팩스 · 02-6712-9810 | 이메일 · info@smpk.kr

ⓒ 라이프 포트폴리오(한화투자증권 공식 블로그)
(저작권자와 맺은 특약에 따라 검인을 생략합니다)
ISBN 979-11-6534-256-2(04320)

쌤앤파커스(Sam&Parkers)는 독자 여러분의 책에 관한 아이디어와 원고 투고를 설레는 마음으로 기다리고
있습니다. 책으로 엮기를 원하는 아이디어가 있으신 분은 이메일 book@smpk.kr로 간단한 개요와 취지, 연
락처 등을 보내주세요. 머뭇거리지 말고 문을 두드리세요. 길이 열립니다.